B Corp Ent

共益企业家

分析经营社会企业背后的动机与价值观

Analysing the Motivations and
Values behind Running a Social Business

【德】弗洛伦蒂·玛丽埃尔·索菲·罗思　【丹】英戈·温克勒 著
Florentine Mariele Sophie Roth　　　　Inglo Winkler

肖红军　郑若娟　薛　离 译

经济管理出版社
ECONOMY & MANAGEMENT PUBLISHING HOUSE

北京市版权局著作权合同登记：图字：01-2019-0717号

First published in English under the title

B Corp Entrepreneurs: Analysing the Motivations and Values behind Running a Social Business by Florentine Mariele Sophie Roth and Ingo Winkler

© Florentine Mariele Sophie Roth and Ingo Winkler 2018

This edition has been translated and published under licence from Springer Nature Switzerland AG.

The author has asserted his right to be identified as the author of this Work.

Simplified Chinese Translation © 2018 by Economy & Management Publishing House arranged with Springer Nature Switzerland AG.

All rights reserved.

图书在版编目（CIP）数据

共益企业家/（德）弗洛伦蒂·玛丽埃尔·索菲·罗思，（丹）英戈·温克勒著；肖红军，郑若娟，薛离译.—北京：经济管理出版社，2018.10

ISBN 978-7-5096-6169-7

Ⅰ.①共… Ⅱ.①弗… ②英… ③肖… ④郑… ⑤薛… Ⅲ.①企业管理 Ⅳ.①F272

中国版本图书馆 CIP 数据核字（2018）第 261495 号

组稿编辑：申桂萍
责任编辑：申桂萍
责任印制：黄章平
责任校对：王纪慧

出版发行：经济管理出版社
　　　　　（北京市海淀区北蜂窝 8 号中雅大厦 A 座 11 层　100038）
网　　址：www. E-mp. com. cn
电　　话：（010）51915602
印　　刷：三河市延风印装有限公司
经　　销：新华书店
开　　本：880mm×1230mm/32
印　　张：5.25
字　　数：110 千字
版　　次：2018 年 10 月第 1 版　　2018 年 10 月第 1 次印刷
书　　号：ISBN 978-7-5096-6169-7
定　　价：48.00 元

目　录

第一章　挑战做生意的传统方式

摘要：本章给读者介绍了书中所讨论的议题。它从一个问题着手——企业能否对解决我们这个时代所面临的环境和社会问题有所贡献？许多学者之所以怀疑，正是因为这些问题中有不少是传统企业所造成的。因此，打破现有的范式，创造出新型的、与"常规经营"不同的组织和管理模式，被认为是解决人类最迫切问题的途径之一，只有这样，人类在这个世界上才有未来。共益企业（Benefit Corps）是混合组织的一个例子，它既创造利润，又承担基于社会与环境驱动的使命，模糊了营利部门与非营利部门之间的边界，从而可持续地完成这些使命。

关键词：共益企业（Benefit Corps）；共益企业家/共益企业创业者（Benefit Corporate Entrepreneurs）；可持续性（Sustainability）；混合组织（Hybrid Organization）

背景

据世界自然基金会的观点，当前的经济与政治结构将人类发展、环境恶化和社会排斥紧密结合在一起。近 50 年来，生物多样性以 58% 的幅度减少，这影响的不只是野生动植物，还使人类承受大自然恶化所带来的后果。就目前而言，人类每年消耗 1.6 个地球的再生能力才能供应其所消费的产品与服务（WWF，2016）。

如今，经济与政治体制中的种种缺陷激励了个体、企业、政府做出不可持续的选择。这些缺陷包括：用国内生产总值（GDP）作为衡量福利的普遍尺度，追求无限的经济增长，许多经济与政治模式视短期收益优先于可持续的长期收益，并将社会和环境成本外部化（WWF，2016，第 12 页）。社会和环境成本越来越被视为组织设计本身所带来的副产品和料想不到的结果（Sabeti and the Fourth Sector Network Concept Working Group，2009，第 1 页）。Metcalf 和 Benn（2012）还指出，长远来说主流的商业模式将威胁到人类的生存。

相对于邻国，由于智利有较高的经济增长率和较低的通货膨胀率，而且接近了充分就业，因此，智利传统上是被列为拉丁美洲的富裕国家之一（Ramos Arraigada 和 Castillo Gatica，2013）。2015 年，智利人均 GDP 高达 23367 美元，社会整体显得较富有。不过，智利的基尼系数在 2013 年达到了 0.465（OECD，2017），与 OECD 成员国的平均值 0.318 相比，足以说明该国财富分配颇为不平等。2011 年以来，由学者、生态学家、工会和原住少数民族带领着越来越频繁的游行抗议更加反映了智利福利的另一个现实（Ramos Arraigada 和 Castillo Gatica，2013）。

据经济学家及诺贝尔和平奖得主穆罕默德·尤努斯（Muhammad Yunus，2010）的观点，现行的资本主义结构及其理论基础的最大缺点在于其对人性的曲解。在现在的经济体系中，人是被理解为单面的。在这个框架内，人只有一种欲望——利润的最大化。这样的理解忽视了人类生活中的政治、社会、环境、精神或情感等相关方面。虽然慈善机构、基金会和非营利组织等不以营利为目的的组织的存在明显反映出人的行为的无私动机，但经济学理论仍然对这些因素不加以考虑。

为解决诸如穷困、饥饿、不平等、自然资源的减少等这些人类面临的迫在眉睫问题，必须让全球经济体系发生根本性的变化（联合国，2017）。

适当的解决方案应当推动可持续的生产和消费模式，并且应该推广人类有责任保护世界的有限资源这一理念（WWF，2016）。当今，私人企业直接控制全球大部分资源，并且对就业发挥决定性作用，所以对实现根本性的改变十分重要（Abramovay，Correa，Gatica 和 Van Hoof，2013）。因此，为了实现所需要的变革，我们必须打破现行的范式，并设计新的、与"常规经营"不同的组织和管理模式（Abramovay 等，2013；Hoffman，Haigh 和 Badiane，2010；Birkin，Cashman，Koh 和 Liu，2009；Birkin，Polesie 和 Lewis，2009；Stubbs 和 Cocklin，2008）。这些变革不应仅局限于那些试图减少负面影响的企业社会责任（CSR）活动，更需要构建一个可持续的经济体系，这个体系具备能够找出方法以创造正面的社会价值的新能力、新技能（Porter 和 Kramer，2011；Birkin，Cashman 等，2009；Birkin，Polesie 等，2009）。

在此背景下，世界范围内已经出现了一批所谓"混合组织"（Haigh 和 Hoffman，2012）。这些新型组织既创造利润，又承担社会与环境的使命，模糊了营利部门与非营利部门之间的边界，从而可持续地完成这些使命（例如，Haigh 和 Hoffman，2012；Boyd，Henning，Reyna，Wang 和 Welch，2009；Pache 和 Santos，2013）。这种混合模式给我们提供了一些可行的且能够让实现经济、社会和环境价值相辅相成的新型商业模式。在这些新型的混合组织中有混合价值组织、新营利公司、非营利企业、社会企业以及共益企业等（Sabeti 等，2009；Yunus，2010；Stubbs，2014）。

在智利已出现了推翻传统商业模式的企业和不同类型的混合组织，共益企业是其中一种（Pileika，2012；Troncoso Campos，2014），它是源于美国共益运动的混合组织，而且越来越引人注目。智利共益企业数量稳步增加，再加上该运动在南美洲以智利首都为基地，这个事实使得共益企业已成为智利生态系统中最能够替代传统商业模式的组织之一（Sistema Benefit，2017）。

共益企业——在拉丁美洲称为 Empresas B——是一种增强对股东和非财务利益群体所承担的受托责任的新型公司模式（FOMIN，2014）。受托责任的加强意味着企业不仅有义务向股东分红，同时还得考虑公司的所作所为对社会和环境所产生的影响。终极目标是要利用营利公司的力量为经济、社会和环境三方面带来益处。为获得共益企业的认证，公司必须满足对环境和社会绩效、公开透明度以及法律责任的最高标准（Benefit Lab，2017）。作为一种较新的混合组织，共益企业似乎显示出很大的社会创新潜力，而且比公共部门或公民社会更能够有效地解决某些特定类型的市场失灵（Liger，Stefan 和 Britton，2016）。这些新型的经济参与者在提出和形成种种用于解决全球面临的迫切社会和环境问题的具体、可持续的解决方案方面，具有很大潜力（Abramovay 等，2013）。

本研究的意义

至今有关共益企业的研究主要关注了两个方面：第一，

共益企业创业者如何利用这些新型的商业模式来经营企业；第二，参加共益运动对一家企业的绩效有何影响（例如，Wilburn 和 Wilburn，2014；Hiller，2013；Coral，2016；Stubbs，2014；Troncos Campos，2014；Chen 和 Kelly，2015；Apruzzese，2015）。不过，当前针对共益企业为什么存在以及共益企业的创立过程尚无深入研究，基本上还是一片空白。本研究的地理范围之所以选择智利，第一是鉴于该国在拉丁美洲共益市场中所扮演的主要角色；第二是，虽然说智利代表着北美洲以外的最大共益企业群体，但有关这个市场的研究仍是缺乏的（Sistema Benefit，2017）。

共益企业运动是一个由价值观和个体所驱动的运动（Harriman，2015），所以深入了解这些方面对于这场运动的成功和进一步扩展是至关重要的。进一步探究企业家为何决定创建共益企业或为什么将其原有的企业转变为共益企业是关键的。政府、产业界和学者们已承认社会很需要新型混合性的商业模式（Bacq 和 Janssen，2011），所以，更深入了解共益企业的创业价值观和动机也有可能会给 Sistema Benefit 和共益工作坊（Benefit Lab）等推广共益企业模式的机构提供指导。此外，在协助政策制定者和影响投资者支持这些公司的建立和吸引新的潜在共益企业的创业者方面，也可能有一定的重要性。

近来的研究指出，创业的动机反映着创业者的价值观（Miller，Grimes，McMullen 和 Vogus，2012）。研究显示，社会企业家深受其价值观的影响，这些价值观令他们注重混合组织所需要的不同类型的目标和决策（Mody，Day，Sydnor 和 Jaffe，2016）。有学者最近提出，与仅仅是追求利润最大化或仅仅是关注社会问题这两种传统类型的创业者的理念不同，这种所谓混合型的创业者将社会和利润结合在一起考虑（如 McCabe，2012）。因此，本研究实证分析的元素是共益企业创业者的价值观和动机。

研究目的与假设

　　智利共益企业在拉丁美洲的共益市场中扮演重要的角色，这让我们以智利为研究对象，所以本研究将对智利的共益企业家加以分析，来厘清每个个体所展现出的共同价值观和动机，从而为增加有关智利共益企业的经验知识有所贡献。因此，本研究旨在探讨那些驱动智利共益企业的创业者创建和运营共益企业的动机和价值观，并且找出所存在的异同。这会让我们更加全面地了解共益企业家，让我们能够脱离目前的主流描述，就是将这种创业者描述为追求"以商业为一种向善的力量"（Benefit Lab，2017）。由于缺乏有关共益企业家的实证性动机研究，本书的焦点将关注于识别其价值观和动机，至于他们的优先、排序及其相互之间的联系，还有待未来的研究探讨。

　　本研究不区分获得共益企业认证的前后状态，因为以前有关共益企业的研究已经确定这样的区分无关紧要（例如，Coral，2016；Stubbs，2014；Harriman，2015）。况且，本书的目的在于充分理解其本质与个性，不在于探究共益企业家所经历的变化。

　　本书的研究假设如下：智利的共益企业创业者具有共同的、自我的并且影响其创建共益企业的价值观和动机，同时由于共益企业家要同时承担社会、环境和经济使命，因此，自我导向和他人导向的动机也有可能会同时并存（Miller 等，2012）。由于自我导向和他人导向动机是被假设为交织在一起的，本研究试图以一个更宽广的视角来分析，即研究思维将超越关于社会企业（SE）动机研究中占据主流的"利润—社会"二分法（Alter，2007）。我们也假设可以依赖个人的动机及其背后的价值观来描述和预测人的行为（Schwartz，1992）。我们认为，厘清这些价值观和动机有助于界定共益企业和共益企业家这些新兴的概念。

　　而且，由于理论概念的相似性，以及许多学者将共益企业家归类为混合企业家或社会企业家这个事实（Abramovay 等，2013；Chen 和 Kelly，2015），我们假设能够将混合创业与社会企业这些学术领域视为共益企业创业的相邻领域，进而应用这些领域的概念来补充共益企业领域的理论框架。

本书的框架

本书接下来的内容大致如下：第一，将我们的理论置于实际背景中，先讨论共益企业的类型和特征，然后介绍共益运动的演变过程，并概括不同共益企业群体所共有的思想框架。第二，首先回顾现有的、有限的有关共益企业创业者的动机如何影响其创立共益企业的实证研究；其次利用社会企业这一相邻领域中发现的动机因素对实证研究加以剖析和补充。第三，我们将对那些有关人类的价值观及其所引起的动机的主要文献加以概述，以全面了解有关共益企业创业者为何创办共益企业或为何将传统组织重组为共益企业的各方面。有了这些理论基础后，我们对智利的共益企业创业者进行半结构型访谈，以收集这些创业者的不同驱动因素的资料。然后，依照创业者价值观维度的分类，本书将基于有关动机和心理学的文献，并且与上述文献相结合，对研究结论进行讨论。此后，本书将得出关于共益企业创业者的动机分类。最后，本书从理论和实践角度，对这些研究发现将如何有利于促进共益运动——尤其是在智利——的进一步发展进行讨论，并对未来的研究进行展望。

参考文献

［1］Abramovay，R.，Correa，M.，Catica，S.，& Van Hoof，B.（Eds.）.（2003）. *Nuevas empresas，nuevas economías. Empresas B en suramérica.* Santiago，Chile：Fondo Multilateral de Inversiones（FOMIN）.

［2］Alter，K.（2007）. *Social enterprise typology.* Virtue Ventures LLC.

［3］Apruzzese，M.（2015）. *Desafíos del proceso de certificación de Empresas B en Argentina*（Unpublished doctoral dissertation）. Universidad San Andrés，Escuela de Administración y Negocios，San Andrés，Buenos Aires.

［4］B Lab.（2017）. *Platform for B Corporations.* Retrieved April 13，2017，from https：//www. bcorporation. net/.

［5］Bacq，S.，& Janssen，F.（2011）. The multiple faces of social entrepreneurship：A review of definitional issues based on geographical and thematic criteria. *Entrepreneurship & Regional Development*，23（5－6），373－403.

［6］Birkin，F.，Polesie，T.，& Lewis，L.（2009）. A new business model for sustainable development：An exploratory study using the theory of constrains in Nordic organizations. *Busi-*

ness Strategy and the Environment, 18（5）, 277 - 290.

　［7］ Birkin, R. , Cashman, A. , Koh, S. , & Liu, Z.
（2009）. New Sustainable business models in China. *Business Strategy and the Environment*, 18（1）, 64 - 77.

　［8］ Boyd, B. , Henning, N. , Reyna, E. , Wang, D. , & Welch, M.（2009）. *Hybrid organizations. New business models for environmental leadership.* Sheffield, UK: Greenleaf Publishing.

　［9］ Chen, X. , & Kelly, T. F.（2015）. B Corps - A growing form of social enterprise. Tracing their progress and assessing their performance. *Journal of Leadership & Organizational Studies*, 22（1）, 102 - 114.

　［10］ Coral, C.（2016）. *Increasing societal impact in social enterprises - Lessons from a B Corp multiple case study*（Unpublished master's thesis）. Lund University, School of Economics and Management, Lund, Sweden.

　［11］ FOMIN.（2014）. *El Fenómeno de las Empresas B en América Latina.* Washington, DC: Fondo Multilateral de Inversiones.

　［12］ Haigh, N. , & Hoffman, A.（2012）. Hybrid organizations. The next chapter of sustainable business. *Organizational Dynamics*, 41（2）, 126 - 134.

　［13］ Harriman, A.（2015）. *The making of a movement*:

The rise of the B Corp on the global stage (Unpublished master thesis) . Copenhagen Business School, Copenhagen, Denmark.

[14] Hiller, J. S. (2013) . The benefit corporation and corporate social responsibility. *Journal of Business Ethics*, 118 (2), 287 – 301.

[15] Hoffman, A., Haigh, N., & Badiane, K. (2010). Hybrid organizations as agents of positive social change: Bridging the for – profit & non – profit divide. *Working Paper* No 1149, Michigan Ross, October 2010.

[16] Liger, Q., Stefan, M., & Britton, J. (2016) . *Social economy.* Directorate General for Internal Policies, Policy Department, Economic and Scientific Policy, European Partliament, Manuscript completed in March 2016, European Union.

[17] McCabe, L. (2012) . *Human values of entrepreneurship: An empirical analysis of the human values of social and traditional entrepreneurs* (Unpublished doctoral dissertation) . Regent University, School of Global Leadership & Entrepreneurship, Virginia Beach, VA.

[18] Metcalf, L., & Benn, S. (2012) . The corporation is ailing social technology: Creating a "Fit for Purpose" design for sustainability. *Journal of Business Ethics*, 111 (2), 195 – 210.

[19] Miller, T., Grimes, M., McMullen, J., & Vogus, T. (2012) . Venturing for others with heart and head:

How compassion encourages social entrepreneurship. *Academy of Management Review*, 37（4）: 616 – 640.

　［20］Mody, M. , Day, J. , Sydnor, S. , & Jaffe, W. （2016）. Examining the motivations for social entrepreneurship using Max Weber's typology of rationality. *International Journal of Contemporary Hospitality Management*, 28（6）: 1094 – 1114.

　［21］OECD. （2017）. *OECD database.* Retrieved April 10, 2017, from https: //data. oecd. org/.

　［22］Pache, A. , & Santos, F. （2013）. Inside the hybrid organization: Selective coupling as a response to competing institutional logics. *Academy of Management Journal*, 56（4）, 972 – 1001.

　［23］Pileika, A. （2012）. *B Lab's attempt to create a new sector of the economy based on social enterprise. A study of the social, environmental and financial effectiveness of B Corporations* （Unpublished doctoral dissertation）. Kenan – Flagler Business School, North Carolina.

　［24］Porter, M. , & Kramer, M. （2011）. Creating shared value. How to reinvent capitalism and unleash a wave of innovation and growth. *Harvard Business Review*, 89（1/2）, 62 – 77.

　［25］Ramos Arriagada, R. , & Castillo Gatica, C. （2013）. Balance y economía del bien común para una economía de la felicidad. *CAPIC Review*, 11（2）, 75–88.

［26］Sabeti, H., & the Fourth Sector Network Concept Working Group. （2009）. *The emerging fourth sector.* Washington, CD: The Aspen Institute.

［27］Schwartz, S. H. （1992）. Universals in the content and structure of values: Theoretical advances and empirical tests in 20 countries. In M. P. Zanna （Ed.）, *Advances in experimental social psychology*, Vol. 22, pp. 1–65, Academic Press.

［28］Sistema B. （2017）. *Online platform for the Latin American B Corp community and B movement representation Sistema B.* Retrieved April 14, 2017, from http://sistemab.org/.

［29］Stubbs, W. （2014）. *Investigation of emerging sustainable business models: The case of B Corps in Australia* （Unpublished doctoral publication）. Monash University, School of Social Sciences, Clayton, Australia.

［30］Stubbs, W., & Cocklin, C. （2008）. Conceptualizing a "sustainability business model". *Organization & Environment*, 21（2）, 103–127.

［31］Troncoso Campos, N. （2014）. *Aporte de la empresa privada en la construcción de valor socialy propuesta de modelo de medición de impacto* （Unpublished doctoral dissertation）. University Federico Santa María, Ingeniería Civil Industrial, Santiago, Chile.

［32］ UN （2017）. *United Nations: Sustainable develop-ment goals.* Retrieved from http：//www. un. org/sustainablede-velopment/sustainable － development － goals/.

［33］ Wilburn, K. , & Wilburn, R. （2014）. The doub-le bottom line: Profit and social benefit. *Business Horizons*, 57 （1）, 11 － 20.

［34］ World Bank. （2017）. *World Bank database.* Re-trieved from http：//www. worldbank. org/.

［35］ WWF. （2016）. *Living planet report* 2016: *Risk and resilience in a new era.* WWF International, Gland, Switzer-land. Retrieved from http：//wwf. panda. org/about_ our_ earth/ all_ publications/lpr_ 2016/.

［36］ Yunus, M. （2010）. *Building social business. The new kind of capitalism that serves humanity's most pressing needs.* New York: PublicAffairs.

第二章　共益企业运动

　　摘要：本章讨论了混合组织的概念，并且把共益企业置于"使命性动机"和"利润性动机"两个维度上。本章也概述了全球和智利共益企业运动的历史进程。这场运动的价值观和动机说明，共益企业的目标不仅在于解决环境和社会问题，该运动更是想成就一场经久不衰的变革。正如共益体系中的一位创始人 Pedro Tarak（*Redefinir el sentido del éxito*, 2016）所强调的，该运动背后的想法是要构建一个新型的经济领域。他希望这个领域能够集体发出一种与众不同的声音，告知世界现在正是需要重新定义成功的时候，企业不仅要力求成为世界上最赚钱的企业，更要成为对世界最有价值的企业。

　　关键词：共益运动（Benefit Movement）；共益工作坊（Benefit Lab）；共益体系（Sistema Benefit）；混合组织（Hybrid Organization）

常规经营与混合组织

250 多年前，亚当·斯密提出了一个相互矛盾的思想：一个基于私利动机、追求利益最大化和竞争的市场将促进公众的福利（Smith, A., 1910［1776］）。从此开始，这个理念影响了世界的经济体系（Felber, 2015）。斯密（1910，第13页）曾写道："我们并非依赖屠夫、酿酒商或面包师的善心来得到我们的晚餐，而是源自他们对自身私利的考虑。"这句话隐含的理念是说，市场里有一只"看不见的手"令利己行为变成有利于公众的一种力量（Felber, 2015）。

正如本书引言中已提及的，如今的经济活动并不会自动地对公共福利产生有益影响，相反，这些活动的许多方面正威胁到世界万物的持续生存和世界本身的长久存在（WWF, 2016）。然而，盛行的经济体系是基于这一思想而设计的，而政府和公民社会则承担了解决社会需要这一责任。但是，长远来说，使命导向的营利实体可能比传统营利部门、行政机构或政府部门更有效、更能自给自足（Boyd, Henning, Reyna, Wang, 和 Welch, 2009）。在一些国家中，政府缺乏管理能力和物质资源，使他们无法有效地满足环境和社会的需求；在一些其他国家，问题反而在于文化和政治规范（Felber, 2015）。

在这一背景下，一种新型的、经常称为"混合组织"的模式脱颖而出。所谓的混合组织，既是市场导向的，同时又以基于共同利益的使命为核心理念（Boyd 等，2009；Haigh 和 Hoffman，2012；Pache 和 Santos，2013）。混合组织令传统营利部门和非营利部门之间的分界线变得更加模糊：通过采取不同的商业战略以获取利润，再加上追求某种社会及（或）环境使命，使之更接近营利部门或非营利的模式（Haigh 和 Hoffman，2012）。传统来说，人们认为，营利目的和社会目的是一个会让公司不断面对权衡取舍的二分法，例如 Alter（2007）的混合图谱模型（见图 2 - 1）所显示的，该模型根据不同混合组织采用相应的传统非营利部门或营利部门的因素来进行分类。

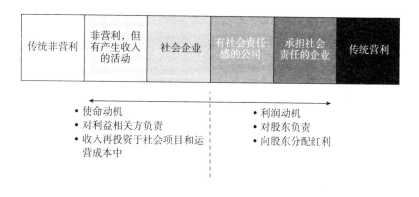

图 2 - 1　混合图谱模型

资料资源：改编自 Alter（2007）。

　　图谱上的相对位置中，一极是那些只有为与社会使命有关的活动融资才赚钱的传统非营利组织，另一极是那些主要以生产利润、对股东履行法律受托责任为目标而运营的传统营利组织（Alter，2007；Boyd 等，2009）。批评者指出，追求利润和社会及（或）环境驱动的使命有可能会导致公司决策难以有明确的方向（Yunus，2010）。Boyd 等（2009）则认为，新兴的混合组织能够超越"常规运营"中将利润—社会截然分开的做法（见图 2 - 2）。

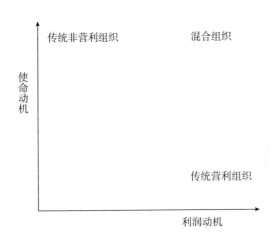

图 2 - 2　利润—社会图谱中的混合组织

资料来源：改编自 Boyd 等（2009）。

　　因此，使命动机和利润动机被理解为是互相独立的组织维度。这个独立性让混合组织能够有强烈的使命动机，又有强烈的利润动机，不用二选一。这个概念符合了 Haigh 和

Hoffman（2012）的想法：新兴混合部门正在试图建造能够让商业、社会和环境价值互相强化的新型经营模式。

这新型组织范式的重要性日益增加是由于有着这样一个新兴的人口群体，他们追求将自己的价值观和信仰与其事业协调起来（Haigh 和 Hoffman，2012）。混合组织以利润为一种手段而不是终极目的，这个事实能够让工作的自我实现与个人使命和要求的理念结合起来（Haigh 和 Hoffman，2012），这样一来使得一向对立的私人和公司生活中的不同价值体系能够融合在一起（Felber，2015）。

不断演进的共益企业运动是新混合型组织模式的其中一例（Abramovay，Correa，Gatica 和 Van Hoof，2013；Hiller，2013；Stubbs，2014；Wilburn 和 Wilburn，2014；Soto，2015），这类组织追求三重底线：公司要同时创造经济、社会价值和环境价值，它有可能提出解决当今最为紧迫的环境和社会问题的具体的、可持续的解决方案（Abramovay 等，2013）。

共益运动与共益工作坊的诞生

共益运动创立于 2006 年，其产生源于对新再生型的经济体系的渴望。当时就读于斯坦福大学的三个朋友——Jay Coen Gilbert、Bart Houlahan 和 Andrew Kassoy，看到了这样的需求：为了利用私营部门的力量来创造环境价值和社会价值，他们势必先实现系统性变革（Marquis，Klaber 和 Thomason，2011）。通过共益工作坊——一个独立的非营利组织，他们给企业提供了三个分开但又相互关联的方案，以此为建造一种经济体系中的新型社会企业领域提供所需要的基础和支持（Marquis 等，2011；Harriman，2015）：

（1）建设一个获得了共益企业认证的社区：群体内的企业将通过第三方的严格评估，以证明他们符合了一系列社会与环境的高标准、公众透明度、法律责任等，来将有益社会的商业活动区别于营销策略（Benefit Lab，2017）。

（2）创建美国所需要的法律基础，并且创造新的市场激励，为此，建立一种新的、合法的商业实体，即共益企业，以此来保护那些基于社会使命的企业，使他们能够合法地实现比利润更重要的目的（Benefit Lab，2017）。

（3）创立和推广一套全球性的评价系统，即全球性影响投资评级系统（Global Impact Investing Rating System，GI-IRS），它将评估公司对社会和环境的影响，为影响投资提供有用的决策依据，并且鼓励负责任的投资（Benefit Analytics，2017）。

共益运动的终极目标是要通过制定新的经营宗旨和现有的资本结构所追求的新目标，来重新界定企业在社会里扮演的角色（Harriman，2015）。正如共益运动的创始人之一 Bart Houlahan 所说的，这一运动的核心目标并不在于"在咖啡包装上添另外一个标签，而在于创造另外一个经济领域"（Bart Houlahan，引自 Pileika，2012，第 6 页）。Bart Houlahan 认为，虽然说在现行的经济秩序中，私营部门关注的只是获利，而公民社会和政府机关尝试解决社会和环境问题，共益运动却憧憬着另一个领域：其参与者将能够让商业的力量和社会使命统一起来，以实现公共福利（Pileika，2012；Harriman，2015）。通过为这种新型的领域提供基础和支持，共益工作坊希望能够使伦理和价值观重新融入企业模式内，使公司遵循人类、地球和利润这三重底线，从而间接地帮助解决当今最重要的社会和环境问题（Harriman，2015）。

获得认证的共益企业

"共益企业"中的"B"代表了英文的 *Benefit*（共益），表达了共益企业对社会、环境及其员工的承诺（Wilburn 和 Wilburn，2014）。在英文里，*B Corp* 和 *B Corporation*（即共益企业；*Corp* 为 *Corporation* 的简称）可以互用，不过不应该与叫做 *Benefit Corporation* 或 *Benefit Corp* 的美国法人组织相混淆（Benefit Lab，2017；Benefit Corps，2017）。无论其产业或法律结构，任何类型的公司均可以通过符合所需的有关社会绩效、问责和透明度等广泛标准来获得共益企业认证（Gunther，2013）。各式各样的企业都可以主动地接受这些高标

准，包括关注社会问题并主动地解决社会及（或）环境问题的公司、决定改变其商业目标和活动的传统企业，或选择采取更具商业导向的方法来可持续地实现社会变革的基金会等（Abramovay 等，2013）。

据共益工作坊的观点，所谓的共益企业是"符合了有关社会和环境绩效、问责和透明度的严格标准而获得了共益工作坊这一非营利组织所认证的营利性企业"（Benefit Lab，2017）。在本研究中，共益企业家被定义为共益企业或已获得共益企业认证的公司的创立人或共同创立人，这些创立者追求的是创建那些能够为社会和环境议题提供解决方案的商业模式。创立者在创建共益企业过程中的重要地位是基于这场运动的逻辑思维，即致力于通过自下而上的方法来对整个系统产生影响。这意味着这场运动以新兴公司为扩展对象来积蓄力量，从而影响到全球企业。作为营利性的企业，共益企业家明白他们必须创造利润，然而并非为获利本身，而是为了维持企业的发展，并通过企业的发展来扩大其对社会的影响力。而且，共益企业不愿意不择手段地谋取利润，其商业模式是围绕着企业使命而构建的。与常规经营不同，其决策不是基于短期利益，而是围绕四个基本方面，即员工、社区、环境和公司治理（Sistema Benefit，2017）。

为获得认证，公司必须满足一系列的要求。首先，它需要完成共益工作坊所提供的测评，称为共益影响力评估（Benefit Impact Assessment，BIA），来评价公司对利益相关方

的影响（Wilburn 和 Wilburn，2015）。BIA 是一种评估企业模式和行为的工具。企业需要在总分 200 分的 BIA 测试中获得等于或超过 80 分的成绩来完成认证的第一步。根据企业的产业与规模，测试评价了 130～180 个因素（Wilburn 和 Wilburn，2014）。评估包括四个更广泛的影响力领域：公司治理、员工、社区和环境。公司治理包括透明度和公司责任等因素；员工包括薪酬、培训、所有权和工作环境等方面；社区方面的得分，企业需要有参与社区活动以及产品或服务方面的社会捐赠；环境方面的得分需要有环保实践（Hiller，2013）。

不仅如此，企业必须调整其公司章程以符合共益工作坊对可持续性和"社会宗旨"的承诺，也就是说企业行为需要反映它对不只是股东的利益，更是对员工、顾客、供应链上下游、环境、社区、公众社会等利益群体收益的考量（Wilburn 和 Wilburn，2015）。还有，企业也要签署共益工作坊的相互依存宣言。这份宣言声明：

我们认为下述真理是不言而喻的：我们应当实现自身在世界上所追求的改变；一切商业行为应当关注其所影响到的人和环境；通过企业的产品、活动和利润，企业应当有志于无伤但有益于万物众生。为实现以上目标，我们的所作所为要基于这样的认识：我们彼此间是互相依赖的，因此，彼此要承担责任，并且要对后人负责（Benefit Lab，2017）。

这个法律框架有助于维护这个"社会使命"，并且为那些在做出经济决策时考虑到社会因素的管理者提供了减责的保护，让他们更能应对新的管理人员、投资者以及所有权的变化（Wilburn 和 Wilburn，2015）。不过，获得共益企业认证并不意味着建立了一个新的法律实体，并不是共益工作坊所推广的 Benefit Corporation 法律实体，虽然有时有人会将这些概念相混淆。但是在一定程度上，获得共益企业认证会涉及公司法，因为企业可能会需要改变其公司章程。通过对共益工作坊提供的相关条件清单表示认可，共益企业签订了一种私人协议（Hiller，2013）。

共益工作坊声称，共益认证对共益企业来说有不少益处（Honeyman，2015），譬如：企业能够进入一个志趣相投的社区，吸引那些想从事有意义的事业的求职人才并让他们愿意为公司努力，增加企业的信誉和建立信任来让社会能够分清行业内担责企业与伪社会责任企业，让公司受到媒体关注，绩效达到新标杆，吸引那些"影响力投资者"（即希望其投资对社会有正面影响的投资者），保护其社会使命，形成一个集体的声音，通过获得各种服务而省钱，领导一场全球性的运动。

2012 年，共益运动开始走向了世界：北美洲以外的第一家共益企业在智利获得了共益认证。从此，开始先在南美洲建立全球伙伴关系，此后扩展到澳大利亚、新西兰和欧洲。智利是共益企业的一个市场，而且是共益工作坊的拉丁美洲

全球伙伴共益体系的基地，所以对于这一运动的全球性扩张
发挥了先锋作用（Harriman，2015）。至今，已经有分布在
50个国家、多于130种产业的超过2048家共益认证企业
（Benefit Lab，2017）。全球最受欢迎的共益企业包括冰淇淋
生产商本杰瑞、户外运动服制造商巴塔哥尼亚以及使用公平
贸易方法来生产巧克力蛋糕的格雷斯顿面包房。

智利共益企业运动与共益体系

2011年，Pedro Tarak、Juan Pablo Larenas、Gonzalo
Muñoz和María Emilia Correa，这四名来自不同背景但有一个
共同兴趣的企业家开始合作了，他们着眼于创造出一套方
案，让拉丁美洲向另一个经济体系转型，并让整个区域的发
展更加可持续。由于试图在传统企业内推动变革所遭到挫
折，并且即便管理者们也希望对社会有益但还是受制于股东
经济利益优先于长期的社会利益这个需求，这让他们下定决
心自己采取行动（Abramovay等，2013）。

拉丁美洲亟须解决的问题包括：生态系统的再生、生物
多样性的保护、替代性能源的利用、理性消费和垃圾的减
少、社会保护以及城乡民众都能够获得优质的公共服务
（Abramovay et al.，2013）。社会企业这个概念早已在拉丁美
洲出现。不过，始终缺乏一个统一的标准或对社会企业的定

义来指导这些零星的斗士（Harriman，2015）。在寻找解决方案的过程中，他们接触到了美国的共益运动和共益工作坊，觉得这正合乎他们所认为的、足以成为拉丁美洲构建另一种经济体系的理念。接受 GOOD 杂志的采访时，Larenas 解释道："在研究全球范围内有关社会企业的不同经验时，我们开始了解到美国共益企业的故事，就决定乘机去美国认识一下共益企业的几位创始人。"（Goldmark，2012）

如同拉丁美洲的其他地区，共益企业在智利还是一个新兴的现象，尚不存在一个特定的生态系统来支持这些企业。虽然已出现了一些不同类型的社会企业，但至今仍与国家的经济体系相隔离，这使它们处境艰难（Abramovay 等，2013）。但是，与拉丁美洲其他邻国比较起来，智利还是具有一个更有益于创业和创新的生态系统（Abramovay 等，2013）。据 OECD 的数据，智利经济中有99%为中小型企业，而这些企业吸纳了全国大约57%的劳动力。而且，智利人越来越愿意自己创业（Abramovay 等，2013）。政府还实施了一系列措施，比如通过的一项法律，"Tu Empresa en un día"（一天内创立你的公司），使智利民众能够一天之内免费创办一家公司。政府机构 CORFO（Corporación de Fomento de la Producción，即"促进国家生产的机构"）已向上千个创业者提供了经济上的支持，而政府项目 Start - Up Chile（智利创业）主要是资助国外企业家吸引外来人才，这使智利成为拉丁美洲的创新和创业中心。这些特点让智利成为一个可以推广共益企业社区、进一步创建一个有益的生态系统的颇有吸引力的地区（Abramovay 等，2013；Soto，2015）。

为了与共益工作坊结成伙伴关系并获得授权协议，他们创立了共益体系。这是一个独立的非营利组织，旨在推广和促进拉丁美洲的共益运动（Abramovay 等，2013）。以智利首都圣地亚哥为总部基地，共益体系代表了共益运动全球扩展计划中的第一步（Gilbert 引用于 Harriman，2015）。共益体系通过共益工作坊的授权来使用其知识产权，并且通过由共益工作坊向拉丁美洲公司颁发认证而获得一部分收入（Harriman，2015）。目前，位于圣地亚哥的共益体系国际组织已成为资助和创立每一个拉丁美洲国家的国别共益体系的始发地，比如巴西共益体系和哥伦比亚共益体系（Sistema Benefit，2017；Harriman，2015）。

美国共益运动主要关注企业本身、法律基础和全球评分体系，与此不同的是，这些拉丁美洲创始人致力为那些生态系统中最重要的参与者们建立连接，聚焦于整体的、体系性的改变。之所以选择不同的路径，是因为其所在处环境的差异，拉丁美洲本来就缺乏社会企业（尤其是营利性的社会公司）所需要的基础（Harriman，2015）。共益体系的目标在于协助创造一种以增进环境和社会福利来衡量商业成功与否的新型经济体系。共益体系的名称反映了其宗旨，也就是通过以系统性的方法来构建一个良好的生态系统，以建立一个能够解决各种环境和社会问题的市场（Sistema Benefit，2017；

Harriman，2015）。共益企业不仅直接强化非营利性方面，更是通过关注生态体系中的六个主要因素来集合那些来自不同领域的、能够改变社会和环境的关键群体，包括共益企业、资本、公共政策、舆论领袖、学术界以及市场本身（见图 2 - 3）。

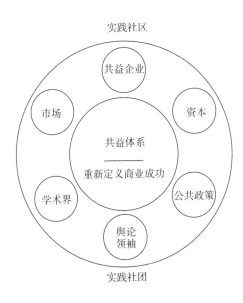

图 2 - 3　共益体系的战略模型

资料来源：改编自 Sistema Benefit（2017）。

　　人们认识到，与共益企业外的经济参与者建立密切的关系，这对于实现其所期望的系统性改革十分重要。其中包括：与政策制定者合作以正面影响管制框架，邀请不同大学的参与来开展更多的实证研究并得到学者们的重视，请舆论领袖帮助传播这个理念并提高公众意识（Harriman，2015）。在拉丁美洲，尤其是与政府和政策制定者紧密合作，这对于形成共益企业所需要的法律框架至关重要，这个框架要能够承认公司形式且能够合法保护其社会使命（Soto，2015）。

在地区共益运动发展的最初阶段，最特别的是资金支持以及支持创建这种生态体系的承诺，这些资助和承诺来自一些机构的公共政策和教育项目，包括：智利政府机构CORFO、多边投资基金会 FOMIN 和拉丁美洲的发展银行CAF（Harriman，2015）。

在撰写本书时，智利的共益企业社区已包括了101家获得认证的共益企业，这意味着它是拉丁美洲最大的共益企业社区，而且仅次于美国和加拿大，是世界上第三大共益企业社区（Benefit Lab，2017）。

共益企业运动的价值观与动机

Harriman（2015）发现，共益企业运动本质上是基于价值驱动的，并且是支持者将价值观和信仰理想化的一种表达方式。从其所使用的框架理论出发，它强调对跨文化的价值观、信仰和思维方式加以考量的重要性。迄今，有关共益企业的文献主要描述共益企业家与共益运动在思想上的一致性。因此，对共益工作坊和拉丁美洲之共益体系的价值观和动机加以详述和理解，这对适当地收集和分析相关数据至关重要。

共益工作坊的价值观和动机与全球共益运动

共益工作坊自认为是服务于这样的群体，也就是，让企业作为向善的力量并且憧憬将来的企业会努力成为对世界最有益的公司，由此给社会带来更长久的共享福利，而不是力图成为世界上最能给个体带来短期利益的公司。为实现这个目标，共同发出呼吁至关重要（Benefit Lab，2017）。因此，共益工作坊的核心思想是认为企业有潜力、有能力解决环境和社会问题，因而需要改变企业在社会中扮演的角色。共益企业的相互依存宣言反映了共益工作坊的憧憬：将那些想要改变世界的企业联合起来。那些企业应当珍视人类和地球，也就是说应该力求做到使所有商业活动对这些有利而无害。共益工作坊也期待这些企业能关心并支持共益企业社区，而且是基于对团结、协作和知识共享等概念的，这是打破了常规经营的竞争范式（Benefit Lab，2017）。

共益工作坊在共益企业运动内的活动着重于对那些（潜在的）接受共益企业认证的企业进行 BIA 评估，因为作为一个具体的战略工具，这个评估系统能够增强那些旨在解决社会和环境问题的企业的影响。因此，正是这些被转化为可测量指标的统一标准才代表了共益工作坊的核心价值理念（BIA，2017；Harriman，2015）。因此，显而易见的，共益工作坊的价值观是关注人和企业在公司治理、员工、社区和环境等方面的整体伦理行为，并希望不断加以改进（Benefit Lab，2017）。

共益工作坊的创始人和领导者们已建立起一系列常用的词汇，可用于组织中的交流，希望让这些核心价值观在全球共益企业社区中得以发扬光大，例如："让企业成为向善的力量"（*people using business as a force for good*）、"对世界最有益"（*best for the world*）、"自己实现改变"（*B the change*）、"测量那些重要的因素"（*Measure what Matters*）以及"有意义的利润"（*profit with a purpose*）（Harriman，2015；Benefit Lab，2017）。

共益体系的价值观和动机与智利的共益运动

在 Harriman（2015）看来，共益企业运动扩展至拉丁美洲，足以证明共益工作坊有能力将其价值观和信念加以定义并传播到北美洲以外的地区，说明其能够成为该运动支持者中的一个全球性思想。尽管如此，需要考虑的是，拉丁美洲共益体系的创始人是借用了美国共益企业运动的思想，因此已将之融入新的文化背景中。共益企业思想的跨文化借用不只是将其纳入一个新的社会环境，而是一个不同（有社会动机的）企业的生态系统（Abramovay 等，2013）。在将这个思想传播至拉丁美洲的过程中，要决定能够并且需要进行哪些方面的调整，共益体系在此发挥了积极的作用。共益学院（Academia Benefit），作为一个负责通过与本地大学建立关系来吸引学术界参与的内部项目，是这些调整中较为突出的一个例子（Harriman，2015）。

共益体系的一位创始人 Pedro Tarak（2016）声明：采取集体行动，我们能够建立一个将发出一个与众不同的集体声音的新领域，这个声音会告诉世界，现在就是重新定义成功的时候，而企业不仅要成为世界最好的，更要成为对世界最有益的。"（Spanish："Juntos podemos crear un nuevo sector que se convierta en una nueva voz única que le diga al mundo que ya es hora de redefinir el sentido de la palabra éxito. Para que las empresas sean no solo las mejores del mundo, sino para el mundo."）使用同样的（译成西班牙文的）词汇和概念，这反映了全球运动中跨国借用的紧密性。

参考文献

[1] Abramovay, R., Correa, M., Catica, S., & Van Hoof, B. (Eds.). (2003). *Nuevas empresas, nuevas econ-*

omías. Empresas B en suramérica. Santiago, Chile: Fondo Multi-
lateral de Inversiones（FOMIN）.

［2］Alter, K.（2007）. *Social enterprise typology.* Virtue
Ventures LLC.

［3］B Analytics.（2017）. *Online analytics platform for B
Corps.* Retrieved March 1, 2017, from http: //b - analytics.
net/.

［4］B Lab.（2017）. *Platform for B Corporations.* Re-
trieved April 13, 2017, from https: //www. bcorporation. net/.

［5］Benefit Corps.（2017）. *Platform for benefit corpora-
tions.* Retrieved April 20, 2017, from http: //benefitcorp. net/.

［6］BIA.（2017）. *Benefit impact assessment platform for B
Corps.* Retrieved March 1, 2017, from http: //www. bimpactas-
sessment. net/es.

［7］Boyd, B. , Henning, N. , Reyna, E. , Wang, D. , &
Welch, M. （2009）. *Hybrid organizations. New business models for
environmental leadership.* Sheffield, UK: Greenleaf Publishing.

［8］Felber, C. （2015）. *Change everything: Creating an
economy for the common good.* London, UK: Zed Books.

［9］Goldmark, A. （2012, April 25）. B Corp goes glob-
al: Sistema certifies South American social enterprise. *GOOD
Magazine.* Retrieved from https: //www. good. is/articles/b -
corps - go - global - sistema - b - certifies - south - american -

social – enterprise.

［10］ Gunther, M. （2013, August 12）. B Corps: Sustainability will be shaped by the market, not corporate law. *The Guardian*. Retrieved from https://www.theguardian.com/sustainable – business/b – corps – markets – corporate – law.

［11］ Haigh, N., & Hoffman, A. （2012）. Hybrid organizations. The next chapter of sustainable business. *Organizational Dynamics*, 41 （2）, 126 – 134.

［12］ Harriman, A. （2015）. *The making of a movement: The rise of the B Corp on the global stage* （Unpublished master thesis）. Copenhagen Business School, Copenhagen, Denmark.

［13］ Hiller, J. S. （2013）. The benefit corporation and corporate social responsibility. *Journal of Business Ethics*, 118 （2）, 287 – 301.

［14］ Honeyman, R. （2015）. *Manual para Empresas B. Negocios como fuerza positiva para mejorar el mundo*. Santiago, Chile: El Mercurio.

［15］ Marquis, C., Klaber, A., & Thomason, B. （2011）. *B Lab: Building a new sector of the economy*. Boston: Harvard Business School Publishing.

［16］ Pache, A., & Santos, F. （2013）. Inside the hybrid organization: Selective coupling as a response to competing institutional logics. *Academy of Management Journal*, 56 （4）,

972 – 1001.

［17］ Pileika，A. （2012）．*B Lab's attempt to create a new sector of the economy based on social enterprise. A study of the social，environmental and financial effectiveness of B Corporations* （Unpublished doctoral dissertation）．Kenan – Flagler Business School，North Carolina.

［18］ Sistema B. （2017）．*Online platform for the Latin American B Corp community and B movement representation Sistema B*. Retrieved April 14，2017，from http：//sistemab. org/.

［19］ Smith，A. （1910［1776］）．*The wealth of nations*. London，UK：Dent.

［20］ Soto，D. （2015）．*Estudio del comportamiento del consumidor chileno frente a productos de Empresas B：Análisis de percepción de precio e intención de compra* （Unpublished doctoral dissertation）．Universidad Técnica Federico Santa María，Santiago，Chile.

［21］ Stubbs，W. （2014）．*Investigation of emerging sustainable business models：The case of B Corps in Australia* （Unpublished doctoral publication）．Monash University，School of Social Sciences，Clayton，Australia.

［22］ Tarak，P. （2016）．*Redefinir el sentido del éxito*. Retrieved from http：//www. sistemab. org/redefinit – el – sentido – del – exito.

［23］Wilburn, K. , & Wilburn, R. （2015）. Evaluating CSR accomlishments of founding certified B Corps. *JGR*, 6 （2）, 262 – 280.

［24］Wilburn, K. , & Wilburn, R. （2014）. The double bottom line: Profit and social benefit. *Business Horizons*, 57 （1）, 11 – 20.

［25］WWF. （2016）. Living planet report 2016: Risk and resilience in a new era. WWF International, Gland, Switzerland. Retrieved from http: //wwf. panda. org/about_ our_ earth/ all_ publications/lpr_ 2016/.

［26］Yunus, M. （2010）. Building social business. The new kind of capitalism that serves humanity's most pressing needs. New York: PublicAffairs.

第三章　共益企业家与社会企业家的价值观与动机

　　摘要：本章将讨论驱动共益企业家和社会企业家的价值观和动机。现有文献强调，价值观和动机对共益企业家而言十分重要，但是与社会企业这一相邻领域有所不同，针对共益企业家的具体价值观和动机所进行的研究极为有限。因此，本章先转向对社会企业的研究，以此了解社会企业家的自我导向和他人导向动机，这将有助于我们进一步了解人们为何会创立社会企业。

　　关键词：共益企业家（Benefit Corp Entrepreneurs）；社会企业家（Social Entrepreneurs）；价值观（Values）；自我导向动机（Self-oriented Motives）；他人导向动机（Other-oriented Motives）

价值观与动机：术语的定义

Schwartz 和 Bilsky（1987）归纳了价值观的五个特征：
"所谓价值观，①是理念或信念；②与理想的最终状态或行为有关；③超越具体的情境；④指导行为和事件的选择和评判；⑤是根据价值观的相对重要性来进行排序的。"此外，Schwartz（1992）界定了在所有社会背景下都认可的表达不同动机目标的十类基本价值观：自我导向（Self – direction）、刺激（Stimulation）、享乐主义（Hedonism）、成就（Achieve-ment）、权力（Power）、遵从（Conformity）、传统（Tradi-tion）、安全（Security）、慈爱（Benevolence）和大同主义（Universalism）。结合起来，这些价值观构成了一种"动机性的连续体"。动机间的差异在各种价值观之间的相互交叉（Schwartz，1992，第45页）。本书后面的一章将专门讨论以上十类基本价值观。

价值观超越了具体的情境和事物。当价值观被运用到某个特定的情境中便会表现为态度。所以，行为本身体现着价值观的应用（McCabe，2012）。由于人们有意识或下意识地应用价值观来权衡行为的选择（Schwartz，2006），所以价值观影响了绝大部分或全部动机性的行为，因此价值观是了解共益企业家动机的重要基础。换言之，人类的价值观是驱动行为的态度源头（McCabe，2012）。当一个人遇到了某种涉及价值观的情形时，其相关价值观会被激活了，这进而将引发动机，形成行为（McCabe，2012）。因此，我们可以假设共益企业家的价值观在很大程度上影响着共益企业的创立和运营。

有关共益企业的价值观和动机研究

至今，关于共益企业的研究得到这样的一致性结论：作为新兴的经济参与者，共益企业似乎显示出改变现有经济体系的巨大潜力，以促进拉丁美洲和全球转向一个更加可持续的未来。现有文献涉及的议题包括关注到共益企业家如何经营其共益企业，以及共益企业认证如何影响着公司的绩效（例如 Wilburn 和 Wilburn，2014；Hiller，2013；Coral，2016；Stubbs，2014；Troncos Campos，2014；Chen 和 Kelly，2015；Apruzzese，2015）。但是，以上学者并没有进行实证研究来说明创业者最初为何会选择共益企业模式。

如今，有关共益企业动机的研究极为有限，几乎仅限于申请共益企业认证和决定加入共益企业运动时自述的动机（Stubbs，2014；Kim，Karleshy，Myers 和 Schifeling，2016；Coral，2016）。相关文献所发现的主要驱动因素如下：希望修正并表达出价值观；正式审视自身的经营理念和方法将自己与那些营利性企业区别开来；获得加入共益企业社区的归属感，并且与志同道合的公司建立关系，从此能够在社会中有更大影响力；与其他共益企业合作来进一步发展自己的企业。

Stubbs（2014）发现，澳大利亚共益企业家之所以追求财务收益，是因为希望对社会和环境有所贡献，以助于创造一个更美好的世界。他们深信不疑，企业需要为地球或人类服务，认为经济活动是改变社会的一种强有力工具。这些信念让他们希望通过其所创建的商业模式树立一个社会模范，以此证明企业在社会中所扮演的角色正在改变。虽然 Stubbs（2014）没有探讨具体的价值观，但作者却认定对价值观加以修正的确是获得共益企业认证的主要动力。

Abramovay、Correa、Gatica 和 Van Hoof（2013）指出，驱动共益企业创业者的一个强动机是寻找那些既符合其价值观和道德观，又比以往更加合理的其他造福方式。对共益企业家来说，在其寻找新的经营方式时，社会压力发挥了关键作用。企业通过提供不损害社会和环境的产品和服务，以此创造社会、环境和经济三重价值，从而确保自身的经营许可并吸引人才（Abramovay 等，2013）。如 Porter 和 Cramer（2011）提出的"共享价值"概念，共益企业家识别了一种能够开辟新市场、创造新商业机会的社会创新潜力。识别这样的机会，而且看到那些支持和促进人们创建社会企业的网络蒸蒸日上，也是驱动共益企业家的因素之一。

无论其地理范围，大部分的相关研究承认价值观和动机对共益企业家的核心重要性，但并未特意探讨这些方面。迄今为止，所发现的动机还缺乏实证证据。因此，关于驱动共益企业家当初决定创建社会性混合组织的价值观和动机，尚是研究空白。针对那些可能想将社会和利润导向混合起来的企业家们，McCabe（2012）也提出了一些可行的混合模式。

社会企业领域内的价值观和动机研究

虽然有关共益企业及其创业者的价值观和动机的研究是有限的，但在社会企业这个相邻领域中，近来已有学者们开始对社会企业家的动机感兴趣。因此，下文将介绍本研究项目感兴趣问题所需要的相关背景。然而，值得一提的是，尽管已有不少学者呼吁需要更多地研究社会企业存在的原因（Austin，Stevenson 和 Weiskillern，2006；Haugh，2005；Miller，Grimes，McMullen 和 Vogus，2012），但有关社会企业的动机研究还是很少，而且主要是聚焦于北美洲和西欧（Ruskin，Seymour 和 Webster，2016；Miller 等，2012）。本书关注的是南美洲共益运动中的重要角色——智利，旨在填补创业动机研究中迄今依然被忽视的这片空白市场。

社会企业的概念

社会企业（SE）的主要特征在于其利用商业知识（即市场化的方法）来解决社会问题（Boluk 和 Ziene，2014）。如同商业企业家一般，社会企业家能够识别商业机会、利用资源，但他们却关注为目标社区提供社会产品或社会服务来弥补市场导向所造成的缺口（Austin 等，2006）。学者们所强调的社会企业核心理念包括：以社会使命作为商业活动的驱动力和焦点（Sherman，2014；Braun，2010）；承诺创造社会价值（Braun，2010）；企业行为的驱动力来自帮助他人而不是创造利润的需要（McCabe，2012）。在本书中，为了概念的一致性且诸多学者也已是这么描述的，我们便将共益企业家假设为社会企业家的一种相邻类型（例如 McCabe，2012；Chen 和 Kelly，2015；Coral，2016）。

现有文献通常是按照所谓的利润—社会二分法来划分商业企业家和社会企业家。社会企业家经常被描述为正直、无私的英雄式人物，他们倾向于扮演开拓者、先驱者和积极分子等角色（Boluk 和 Ziene，2014；Braun，2010），而商业企业家则被描写为野心勃勃、自私自利、唯利是图的人（Ruskin 等，2016）。但是，将市场化的方法与提供社会问题解决方案相结合，这曾被评价为："表面上，是自相矛盾的组织目标"（Miller 等，2012，第 616 页）。能够将利润视为一种维持企业运转的手段，而不是企业的终极目的，这个事实似乎往往是被忽略的（Braun，2010）。经济收益能够支持他们的理想并且扩大其想要的社会影响力，同时，还能够使这种做法维持下去，就这点而言，社会企业家在一定程度上是基于利润动机的（Boluk 和 Ziene，2014；Braun，2010）。与其说是追求获得经济上的安全感，不如说是渴望实现自己的使命（Ruskin 等，2016）。

人们将社会企业家描述为有着多样化关注点的混合体（Boluk 和 Ziene，2014）。这些多样化的关注点带来了一些理论性的问题，因为这不符合当前学界中对创业动机的理解（Miller 等，2012；Boluk 和 Ziene，2014）。正如 Yunus（2007，第 37 页）所言："虽说传统企业家是众所周知的一个概念，我们也认为我们知道他们的价值观和动机……然而至于社会企业的创始人我们没法这样说。"社会企业家同时关注着社会、环境和经济使命，这可能会导致自我导向和他人导向的动机复杂地并存着（Miller 等，2012）。这个矛盾启发了学者们开始关注社会企业家利他主义之外的自我导向动机，诸如个人利益、对成就的需要等（Boluk 和 Ziene，2014）。

现有关于社会企业动机的研究

社会企业文献中最普遍提到的动机为利他主义。固然近来的研究运用了不同理论框架，比如转化学习理论（Braun，2010）、内容理论（Braga，Proenca 和 Ferreira，2015）和原生价值理论（McCabe，2012）等，这些研究成果均或隐或现地证实了社会企业家中共存着自我导向和他人导向的动机（Boluk 和 Ziene，2014；Braun，2010；Ruskin 等，2016；Braga 等，2015；Yitshaki 和 Kropp，2016；Sherman，2014）。从我们的研究假设出发，即如同社会企业家一般，共益企业家也会受到自我导向和他人导向的混合动机所驱使。为便于比较，下文的讨论将根据自我导向和他人导向两种动机来对社会企业的主要研究成果进行分类。

社会企业中的自我导向动机

当社会企业家愿意挑战自己去寻找和创造解决社会问题的方法时，这反映着其对成就的需要（Ruskin 等，2016；McCabe，2012）。学者们早就提出，这个自我导向动机与传统企业家的动机有关（例如 McClelland，1965）。但是，社会企业家对成就的定义似乎与传统企业家的定义有所不同。后者一般用短期利润的增加来衡量成功，而社会企业家则声明自己以所产生的长期社会影响作为成功的标准（Ruskin 等，2016；Yitshaki 和 Kropp，2016）。此外，对成就的需要也与为家人和健康方面的安全感等目标有关（McCabe，2012）。因此可以说，凡是能够实现个人视之为重要的事情，无论具体是什么事，都能够满足人们取得成就的需要（Boluk 和 Ziene，2014）。这个动机是关键的，因为在一定程度上能说明为何社会企业家自己创建社会企业而不是简单地加入有相似价值观和使命的组织（Boluk 和 Ziene，2014）。

希望社会大众认可其工作，这与对成就的需求有关。近来研究的受访者证实了，人们对公众认可其某种社会及（或）环境方面的声誉是感兴趣的（Boluk 和 Ziene，2014）。加入某个肯定、承认和传播社会贡献的团体，这可能意味着一名社会企业家是在寻求公众的认可。受访者说，会将自己看成是一个榜样，这也可能是想要获得社会声望（Boluk 和 Ziene，2014），而且这与自我导向这种对影响力的需要有关（具体见下文）。有关社会企业家对得到社会认可的欲望，这点在实证方面有些不一致：比方说，Braga 等（2015）发现葡萄牙的社会企业家与传统企业家有所不同，他们不以公众认可为动机。

对独立自主的需求是社会企业家中出现的另外一种自我导向的动机，它被定义为能够自由地决策如何经营其社会企业，包括选择何种生活方式以及希望对社会有何种影响（Ruskin 等，2016）。社会企业的创立能够让创业者享有自己所选择的生活方式，并能够根据自己的偏好来改变其日常生活（Boluk 和 Ziene，2014）。譬如说，社会企业家会被吸引到不同的地区，这可能是因为他们对当地文化感兴趣，或是为了将个人和职业生活紧贴于大自然（Boluk 和 Ziene，2014）。Bornstein（2004）、Barendsen 和 Gardner（2004）也发现，不同于商业企业家，社会企业家不会将自己的私人生活与工作分开。有时，他们甚至会利用社会企业来缓解私人生活和工作之间的紧张（Boluk 和 Ziene，2014）。与生活方式有关的动机也有可能源于健康上的限制，比如有特殊需求的残疾儿童，或是一种尚未被开发的产品或服务（Ruskin 等，2016）。

对影响力或权力的需求是另外一种驱动社会企业行为的动机，它被定义为对改变他人的行为和态度的欲望（Ruskin 等，2016）。基于其个人价值观，社会企业家试图塑造目标社区成员的行为，表现在推广文化交流、鼓励社区成员加入社区活动等（Ruskin 等，2016；Yitshaki 和 Kropp，2016）。这与权力动机型的个体的其他行为一致：他们会根据其在指导他人行为方面所具备的合法权利而选择所要做的事（Winter，1992）。影响力需求的另一个表现是人们会采取行动去引发符合自己偏好的社会改变（McCabe，2012）。

通过观察社会企业家在寻找友情和建立社会网络上所花费的时间和精力，可以确定社会企业家的另一个动机是相互关系，即意欲与他人保持温和、亲密的关系（Ruskin 等，

2016）。虽然在 Ruskin 等人（2016）的研究中，受访者表明他们没有为了扩大其社会网络而创立社会企业，他们还是会为人际交往中所存在的社会问题提出一些解决方案。这一自我导向动机与他人导向动机的形成有密切关系（具体见下文）。

寻求生命的意义是一种内在的欲望，这往往是由个人生活中发生的巨大变化、令个体感到迷失的某个事件所导致的。这个事件是多样的，譬如陷入窘境或者所爱的人的去世等危机（Braun，2010）。为了满足这一需求，社会企业家说是为了让自身生活发生积极的改变，才创立了其社会企业（Braun，2010；Barendsen 和 Gardner，2004；Ruskin 等，2016）。

与上文的研究成果一致，学者们发现社会企业家坚信自己具有带来社会变革的使命和能力，坚信人类有潜力创造社会变革，坚信企业与社会变革的力量（Braun，2010；Mc-Cabe，2012）。这些信念不易动摇，无论多杂乱的环境都无法改变这些想法。这些研究结果符合了现有文献的发现，也就是，社会企业家具有强烈的、基于信念或哲学观念的价值观，并且他们的行为完全可以有别于其环境（Bornstein，2004；Elkington 和 Hartigan，2008）。Drayton（2006）提出，社会企业家通常都对变革抱有乐观态度，并且愿意付诸行动（Braun，2010）。

此外，研究显示，社会企业家或者是因为某种个人的激情而被吸引去创立社会企业，或者是由于在传统企业遇到挫折感而被推出（Ruskin 等，2016）。激情，即被所喜爱的事物而吸引的感觉，它能够吸引社会企业家从事有意义的社会企业活动（Ruskin 等，2016）。另外，当某种工作环境使人们无法满足自己对成就的需求和所要获得的意义时，会造成挫折感，而这就会使人们去创立社会企业来解决造成那些挫折的问题（Ruskin 等，2016；Yitshaki 和 Kropp，2016）。

社会企业中的他人导向动机

现有文献认为社会企业的首要动机是利他主义（例如Ostrander，2007），即自愿、主动地帮助他人但不期望得到外部回报的欲望（Bar - Tal，1985）。由利他主义驱动的行为旨在帮助个体解决个人危机，这个动机在社会企业家中是很明显的，因为他们自己说是为了给某些目标社区带来社会收益的，并且（或者）是想实现某些社会变革，这些变革对自身没影响，但影响了一些对社会变革没有做出贡献的其他人（Ruskin 等，2016）。McCabe（2012）发现社会企业家倾向于用创新性方法来让其他群体获得社会平等。Yitshaki 和Kropp（2016）研究中的受访者说，孩童时期受到家长或祖父母价值观的熏陶所塑造的社会意识对其今日的利他主义动机有决定性影响。家长的利他行为被纳入了自己的价值观中。

受访者也进一步提出了培育的动机，即希望去关爱、促进和支持他人的发展（Ruskin 等，2016）。因此，关爱地球上的人和后代是社会企业家的关注点。虽然与利他主义有关，但培育可能会对企业家自身有利。Yitshaki 和 Kropp（2016）发现，经历了或正在经历生活事件会形成社会企业家的培育动机，也就是说，想要去帮助那些处于相似困境的人而避免使其遭受自己曾经历的痛苦。因此，这个动机是由个人情况所引起的，但会扩大为想去援助那些陷入类似窘境的人。虽然不是自我导向的，但不少社会企业家却证实帮助他人也有助于自己的康复（Yitshaki 和 Kropp，2016）。Braun（2010）研究中的受访者提及，自己的孩子对他们也有影响，让他们更愿意为有意义的事情而努力，从此能够证明自己并让孩子为家长感到骄傲。与商业企业家相比，虽然社会企业家显得没那么重视满足家人的需求，但这仍是社会企业的一个次要动机（Ruskin 等，2016）。

社会企业家的另外一个主要的他人导向动机是社会正义，即资源和机会的均等化（Ruskin 等，2016）。大部分受访的社会企业家声称，自己想要通过缓解特定的目标群体所处的劣势来实现社会变革。社会正义的动机旨在让社会企业家采取行动以减少系统性的劣势，并且，倘若目标群体为自己所属于的群体，那这种行动就有可能会对自己有利（Ruskin 等，2016）。

由于感到某项事业亟待人们去完成，因此要完成这样的使命或回应这种呼吁，类似这样的说法总是频繁出现，这说明了义务感这个动机的存在。此外，基于互惠的概念而产生回报社会的愿望，这也会让人们采取亲社会的行为、积极地支持其社区（Ruskin 等，2016）。Braun（2010）将那些说法解释为社会企业家感到的一种精神联系，它将上帝、大自然或能量等更高层次的力量与个人对其生命意义和价值的理解相连接。Yitshaki 和 Kropp（2016，第 555 页）也发现，一些社会企业家认为他们是因为收到了一种神秘的信息或听了上帝旨意等精神方面的"事业召唤"（Career Calling）而创立了社会企业。

感同身受（Empathy）和同情是亲社会活动的情感动机（Yitshaki 和 Kropp，2016）。对目标社区感到的同情和感同身受会激发帮助他人的欲望，因此是创立社会公司的他人导向动机的基础（Ruskin 等，2016；Braga 等，2015；Miller 等，2012）。怜悯这一感情被认定为会增强创立社会企业的他人导向动机（Miller 等，2012）。Ruskin 等（2016）将怜悯视为包含在感同身受这个更广的情感中，感同身受本身包含了体会他人所感到的正面和负面的情感。感同身受的人更倾向于采用综合性的方式来思考和寻求问题的解决方案。进行成本收益分析时，他们会将相对权重进行调整，更侧重亲社会决策，正是因为其亲社会身份已形成了，所以他们认为帮助他人、减少他人遭受的折磨有更大收益（Miller 等，2012）。值得一提的是，虽然怜悯是一个他人导向、情感性的动机，但这并不排斥自我导向和他人导向并存的可能性。来源于怜悯的他人导向动机有可能会改善自身的形象或社会权力，因此也有利己效应（Miller 等, 2012）。

至今，社会企业的领域中很少关注到环境价值的创造，因此，该领域中还有可能进一步界定社会企业家自我导向和他人导向的动机，特别是那些同时重视创造社会价值和环境价值的共益企业家（Benefit Lab, 2017）。

参考文献

［1］Abramovay, R., Correa, M., Catica, S., & Van Hoof, B. (Eds.). (2013). *Nuevas empresas, nuevas economías. Empresas B en suramérica.* Santiago, Chile: Fondo Multilateral de Inversiones (FOMIN).

［2］Apruzzese, M. (2015). *Desafíos del proceso de certificación de Empresas B en Argentina* (Unpublished doctoral dissertation). Universidad San Andrés, Escuela de Administración y Negocios, San Andrés, Buenos Aires.

［3］Austin, J., Stevenson, H., & Weiskillern, J. (2006). Social and commercial entrepreneurship: Same, different, or both? *Entrepreneurship Theory and Practice*, 30 (1), 1 – 22.

［4］B Lab. (2017). *Platform for B Corporations.* Retrieved April 13, 2017, from https://www.bcorporation.net/.

[5] Bar – Tal, D. (1985). Altruistic motivation to help: Definition, utility and operationalization. *Humboldt Journal of Socal Relations*, 13 (1 & 2), 3 – 14.

[6] Barendsen, L. , & Gardner, H. (2004, Fall). Is the social entrepreneur a new type of leader? *Leader to Leader*, 34, 43 – 50.

[7] Boluk, K. , & Ziene, M. (2014). Motivations of social entrepreneurs: Blurring the social contribution and profits dichotomy. *Social Enterprise Journal*, 10 (1), 53 – 68.

[8] Bornstein, D. (2004). *How to change the world: Social entrepreneurs and the power of new ideas*. New York: Oxford University Press.

[9] Braga, J. , Proenca, T. , & Ferreira, M. (2015). Motivations for social entrepreneurship – Evidences from Portugal. *Tekhne*, 12 (1), 11 – 21.

[10] Braun, K. (2010). *Social entrepreneurs: Identifying the personal motivations and values of successful project leaders* (Published doctoral dissertation). Retrieved from ProQuest Dissertations Publishing (AAT 3429148).

[11] Chen, X. , & Kelly, T. F. (2015). B Corps – A growing form of social enterprise. Tracing their progress and assessing their performance. *Journal of Leadership & Organizational Studies*, 22 (1), 102 – 114.

［12］ Coral, C. （2016）. *Increasing societal impact in social enterprises – Lessons from a B Corp multiple case study* （Unpublished master's thesis）. Lund University, School of Economics and Management, Lund, Sweden.

［13］ Drayton, W. （2006）. Everyone a changemaker: Social entrepreneurship's ultimate goal. *Innovations*, 1 （1）, 80 – 96.

［14］ Elkington, J., & Hartigan, P. （2008）. *The power of unreasonable people: How social entrepreneurs create markets that change the world.* Boston, MA: Harvard Business Press.

［15］ Haugh, H. （2005）. A research agenda for social entrepreneurship. *Social Enterprise Journal*, 1 （1）, 1 – 12.

［16］ Hiller, J. S. （2013）. The benefit corporation and corporate social responsibility. *Journal of Business Ethics*, 118 （2）, 287 – 301.

［17］ Kim, S., Karlesky, M., Myers, C., & Schifeling, T. （2016, June 17）. Why companies are becoming B corporations. *Harvard Business Review.* Retrieved from https://hbr. org/2016/06/why – companies – are – becoming – bcorporations.

［18］ McCabe, L. （2012）. *Human values of entrepreneurship: An empirical analysis of the human values of social and traditional entrepreneurs* （Unpublished doctoral dissertation）. Regent

University, School of Global Leadership & Entrepreneurship, Virginia Beach, VA.

[19] McClelland, D. (1965). Achievement and entrepreneurship: A longitudinal study. *Journal of Personality & Social Psychology*, 1 (4), 389–392.

[20] Miller, T., Grimes, M., McMullen, J., & Vogus, T. (2012). Venturing for others with heart and head: How compassion encourages social entrepreneurship. *Academy of Management Review*, 37 (4): 616–640.

[21] Ostrander, S. A. (2007). The growth of donor control: Revisiting the social relations of philanthropy. *Nonprofit and Voluntary Sector Quarterly*, 36 (2), 356–372.

[22] Porter, M., & Kramer, M. (2011). Creating shared value. How to reinvent capitalism and unleash a wave of innovation and growth. *Harvard Business Review*, 89 (1/2), 62–77.

[23] Ruskin, J., Seymour, R., & Webster, C. (2016). Why create value for others? An exploration of social entrepreneurial motives. *Journal of Small Business Management*, 54 (4), 1015–1037.

[24] Schwartz, S. H. (2006). Les valeurs de base de la personne: Théorie, mesures et applications. *Revue Française de Sociologie*, 47 (4), 249–288.

［25］Schwartz, S. H. , & Bilsky, W. （1987）. Toward a universal psychological structure of human values. *Journal of Personality and Social Psychology*, 53 （3）, 550 - 562.

［26］Schwartz, S. H. （1992）. Universals in the content and structure of values: Theoretical advances and empirical tests in 20 countries. In M. P. Zanna （Ed. ）, *Advances in experimental social psychology*, Vol. 22, pp. 1 - 65, Academic Press.

［27］Sherman, C. （2014）. *For love or money? Similarities and differences in meaningfulness and motivation at work between social and commercial entrepreneurs* （Published doctoral dissertation）. Retrieved from ProQuest Dissertations Publishing （AAT 3630305）.

［28］Stubbs, W. （2014）. *Investigation of emerging sustainable business models: The case of B Corps in Australia* （Unpublished doctoral publication）. Monash University, School of Social Sciences, Clayton, Australia.

［29］Troncoso Campos, N. （2014）. *Aporte de la empresa privada en la construcción de valor socialy propuesta de modelo de medición de impacto* （Unpublished doctoral dissertation）. University Federico Santa María, Ingeniería Civil Industrial, Santiago, Chile.

［30］Wilburn, K. , & Wilburn, R. （2014）. The double bottom line: Profit and social benefit. *Business Horizons*, 57

（1），11 – 20.

［31］ Winter, D. G. （1992）. Power motivation revisited. In C. P. Smith, J. W. Atkinson, D. C. McClelland, & J. Veroff （Eds.）, *Motivation and personality: Handbook of thematic content analysis.* New York: Cambridge University Press, 301 – 310.

［32］ Yitshaki, R., & Kropp, F. （2016）. Motivations and opportunity recognition of social entrepreneurs. *Journal of Small Business Management*, 54 （2）, 546 – 565.

［33］ Yunus, M. （2007）. *Creating a world without poverty: Social business and the future of capitalism.* New York: PublicAffairs.

第四章　施瓦茨的价值观与动机理论

　　摘要： 谢罗姆·施瓦茨（Shalom H. Schwartz）的价值观与动机理论乃是本书的理念基础。本章首先介绍施瓦茨早期及修正过的理论，继而概述不同类型的价值观与子价值观及其之间的动态关系。施瓦茨将其价值观置于一个环状的动机连续体上。本章将描述该连续体两极上的两个维度，即自我提升（Self – enhancement） vs. 自我超越（Self – transcendence）；变革（Change） vs. 保守（Conservation）。

　　关键词： 谢罗姆·施瓦茨（Shalom H. Schwartz）；价值观与动机理论（Values and Motivation Theory）；环状的动机连续体（Circular Motivational Continuum）

最初的理论与修正的理论

　　本书的理论框架不仅局限于现有关于社会创业和共益企

业方面的文献范围内，而更涉及心理学方面的文献，尤其是施瓦茨提出的原生价值观理论（Schwartz，1992；Schwartz等，2012）。在有关社会企业家的动机的研究中，该理论只被运用于定量研究（例如 McCabe，2012）。但是，施瓦茨关于价值观的概念和动态结构及其由此衍生的动机性目标也有益于本研究的理论取向。

　　Schwartz 和 Bilsky（1987，1990）提出，其价值观与动机理论假设所有个体及社会群体对于生存有三种普遍的需求：①人作为生物个体的需求；②协调社会交往互动的需求；③集体生存和福利的需求（Schwartz，1992）。为了提供一套具有普适性的价值观来帮助人们共同应对以上需要，施瓦茨（1992）提出并检验了各种文化中普遍存在的十类价值观。他们认为，这十类价值观是社会公认的理念，人们有意识地使用它们来代表其动机性目标。再者，价值观是人们在社会交往中用来表达其动机性目标的词汇（Schwartz，2012）。这一理论根据每种价值观所蕴含的特定动机性目标来对其加以界定（Schwartz，2012）。譬如，"刺激"（Stimulation）这一价值观是基于其包含的动机性目标来定义，即"激动兴奋、新奇以及人生的挑战"（Schwartz，2012，第 5 页）。"安全"（Security）这一价值观则表达了对安全、和谐与稳定的需求（Schwartz 等，2012）。

　　为了解决学者们在区分一些原生价值观时所遇到的困难，施瓦茨等（2012，第 668 页）改进了原有的理论。他们

声称:"由于这十类价值观之间的边界较为模糊,其中几类势必也表现相邻价值观的某些元素。"因此,他们建议进一步细分一些价值观。例如,将"权力"细分为"权力—控制""权力—资源"和"权力—面子"。"安全"也细分为"安全—个人"和"安全—社会"。通过对这些原生价值观加以改进,修正后的理论让学者们更容易将其辨别清楚(Schwartz 等,2012)。基于现有关于社会创业的研究结果,我们假设诸如大同主义、慈爱、自我导向等价值观是共益企业创业的核心价值观,而由于修正后的个人基本价值观理论更加细分了这些价值观,我们因此认为修正的理论适合用于本研究。因此,下文关于价值观及其所表达的动机目标的描述沿用了施瓦茨(1992)原创的十类价值观,而且以 a、b、c 来指明修正后理论中的子价值观(Schwartz 等,2012)。

价值观与子价值观

1. 自我导向(Self – direction)

(a)自我导向—思考(Self – direction – Thought):源自生理性需求,包括对自我的控制和对内心自控的追求。这一子价值观的动机性目标是自由地形成并理解自己的想法、观念和智力,具体内容为创造性或想象力以及好奇心或兴致。这一子价值观是指内在能力而非外部评价(Schwartz,1992;

Schwartz 等，2012）。

（b）自我导向—行为（Self-direction-Action）：源自同样的生理性需求，这一子价值观的动机目标是自由地选择自己的行为，也就是说，选择自己的目标并利用自己的能力去完成。独立自主与自力更生乃其关键因素。同样，这一子价值观是指内在能力而非外部评价（Schwartz，1992；Schwartz等，2012）。

2. 刺激（*Stimulation*）

源自生理性需求，包括基于社会经验判断的最佳激励程度以及为达到兴奋（刺激经验）、新奇（生活中的多样性或变化）和挑战性（大胆、寻找冒险）时存在的个体差异（Shcwartz，1992；Schwartz 等，2012）。

3. 享乐主义（*Hedonism*）

享乐主义的动机目标为得到个人快感和感官上的满足（Schwartz，1992；Schwartz 等，2012）。该价值观不应与快乐相混淆，在施瓦茨（1992）看来，快乐能够通过追求十类价值观中的任何一类而得以满足，且与所有价值观正相关。

4. 成就（*Achievement*）

该价值观是指绩效动机，意味着根据社会标准追求个人成就，且是否成功是由他人评价的（Schwartz，1992；Schwartz 等，2012）。

5. 权力（*Power*）

（a）权力—控制（Power-Dominance）：限制他人选择

的权力，意味着有掌控他人的目的（Schwartz，1992；Schwartz 等，2012）。

（b）权力—资源（Power – Resources）：控制物质与社会资源的权力，即表达了控制事件的动机（Schwartz，1992；Schwartz 等，2012）。

（c）权力—面子（Power – Face）：该子价值观同时表达了安全和权力价值观。获得安全和权力的动机性目标包括：维护自身的公众形象或社会地位和声望，且避免遭遇羞辱（Schwartz，1992；Schwartz 等，2012）。

6. 安全（*Security*）

即对安全、和谐和稳定的需求，可划分为针对个人和针对集体安全的需求。

（a）安全—个人（Security – Personal）：个体切身环境中的安全包括归属感，也包括认为身边的人关心自己、在乎健康和清洁，并且互利互惠。该子价值观也包含家人和所爱之人的安全（Schwartz，1992；Schwartz 等，2012）。

（b）安全—社会（Security – Societal）：定义为更广范围的社会安全与稳定，包括国家安全、社会秩序、社会稳定（Schwartz，1992；Schwartz 等，2012）。

7. 遵从（*Conformity*）

（a）遵从—规则（Conformity – Rules）：遵守规则、法律和正式义务，其动机目标是在日常生活中有自律，能够自我约束、服从（Schwartz，1992；Schwartz 等，2012）。

（b）遵从—人际（Conformity – Interpersonal）：避免惹怒或伤害他人，尽量有礼貌、尊敬他人、对待他人彬彬有礼，同时约束自身行为和冲动以避免违背社会期望或有害于他人（Schwartz，1992；Schwartz 等，2012）。

8. 传统（*Tradition*）

（a）传统（Tradition）：保持且维护文化、家族、宗教的传统，意味着其动机性目标包括个体要恭敬、奉献、安分守己，也包括与宗教信仰有关的内容（Schwartz，1992；Schwartz 等，2012）。

（b）谦虚（Humility）：认识到个人在大视野下的微不足道，意味着谦卑、谦逊、识时务以及不故意引人注目（Schwartz 等，2012）。

9. 慈爱（*Benevolence*）

对群体内成员的照顾，亦称亲社会动机。

（a）慈爱—可靠性（Benevolence – Dependability）：该子价值观被定义为：成为一个群体中的一个可靠、可信的成员，其相关的动机性目标是做一个值得信赖的、真挚的朋友（Schwartz，1992；Schwartz 等，2012）。

（b）慈爱—关心（Benevolence – Caring）：即关心群体内成员的福利，是另一类亲社会型的子价值观，其相关的动机为保护、提高那些经常交往群体的福利（Schwartz，1992；Schwartz 等，2012）。

10. 大同主义（*Universalism*）

此类型的价值观与那些仅局限于关注群体内成员的慈爱型价值观不同，大同主义包括关心那些无直接联系的人和自然环境，当个体开始意识到全球资源匮乏而危及生命时，就形成了这一价值观。

（a）大同主义—关注社会（Universalism - Societal Concern）：这一子价值观的动机表现为重视平等、正义及保护所有人（Schwartz，1992；Schwartz 等，2012）。

（b）大同主义—保护大自然（Universalism - Protecting Nature）：该子价值观表达了保护和关爱自然环境、试图与自然和谐统一的动机（Schwartz，1992；Schwartz 等，2012）。

（c）大同主义—包容（Universalism - Tolerance）：该子价值观的动机性目标是包容和理解那些异己者（Schwartz，1992；Schwartz 等，2012）。

价值观的动态结构

除了确定基本价值观及子价值观的内涵以外，施瓦茨的理论还说明价值观之间的动态结构（见图 4 - 1）。施瓦茨（2011）强调，该理论所提到的十类基本价值观构成了一个可以用环状结构表示的、由相互关联的动机组成的连续体。

那些具有相似动机目标的价值观是可以相容的（Schwartz，Caprara 和 Vecchione，2010）。由于此类价值观都说明了类似的观念、偏好和行为，因此其在连续体上的位置是相近的（Borg，Bardi 和 Schwartz，2017）。

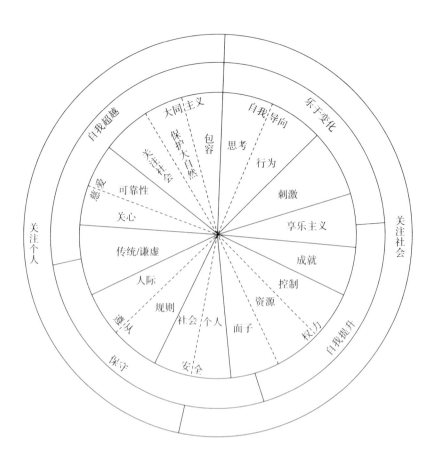

图4-1　环状动机连续体

译者注：原文中的图4-1应与图6-15交换。原文图4-1含有第六章才提到的共益企业家在每一类价值观中占的百分比。本人以下是按照原文图6-15所写，后面第六章则根据原文图4-1所写，实际上唯一的区别在于图中是否包括相关的百分比。

那些包含对立动机目标的价值观在连续体上的位置也是相对立的。例如，权力和成就这两类均表达着社会优越感与自我形象两种动机目标，而且能够通过相似的行动得以满足（Schwartz，1992，2012）。相反，成就意味着对个人成功的追求，其对立的价值观"慈爱"则表达了提高他人福利的动机目标。总体而言，如图4-1所描绘，该理论指出，价值观背后存在着两个两极维度，——自我提升 vs. 自我超越；乐于变化 vs. 保守（Schwartz，1992，1994）。这些维度是指基本价值观所属的高阶价值观（Schwartz 等，2012）。自我提升指的是强调控制他人、追求自身成功的价值观，而自我超越是指包容他人、关注他人福利的动机。乐于变化意味着独立思考和行为、为变化做好准备。相反，保守价值观则强调了稳定性、对传统的遵从。此外，Schwartz（1992，2010）和Schwartz 等（2012）提出，环状的左半部分描绘了主要是利己的价值观，包括权力、成就、享乐主义、刺激、自我导向和个人安全。环状的右半部分则是由注重集体利益的价值观组成的，即大同主义、慈爱、传统、遵从和社会安全。就研究共益企业家而言这个区分十分重要，因为前人的研究假设社会企业领域中的参与者同时关注对个人和他人的影响这两种方面。

由于环状结构上的价值观能够描述相似或对立的动机目标，因此，那些追求某些价值观的行为所产生的结果会与相近的价值观相一致，但与那些相对立的价值观相对立（Schwartz，2012）。因此，那些追求成就这类价值观的行为有助于其相近而相容的价值观，即权力和享乐主义。相反，一些追求成就的价值观是自我导向的，那么，其所产生的结果会与慈爱和大同主义等关注集体的价值观发生冲突（Schwartz，1994）。因此，选择那些追求特定价值观的行为会产生实际的、心理的和社会的影响（Schwartz，1992）。由于追求某一价值观而违背了另外一类价值观，其结果可能会导致个体的内心冲突或遭受来自社会的惩罚（Schwartz，2012）。人们希望共益企业家既是自我导向的，又是社会导向的，他们追求了自我导向的价值观，关注自身，但同时追求关注集体的价值观，这可能产生自相矛盾的结果。

参考文献

［1］ Borg, I., Bardi, A., & Schwartz, S. H. (2017). Does the value circle exist within persons or only across persons? *Journal of Personality*, 85 (2), 151 – 162.

［2］ McCabe, L. (2012). *Human values of entrepreneurship: An empirical analysis of the human values of social and traditional entrepreneurs* (Unpublished doctoral dissertation). Regent University, School of Global Leadership & Entrepreneurship, Virginia Beach, VA.

［3］ Schwartz, S. , Caprara, G. , & Vecchione, M. (2010) . Basic personal values, core political values, and voting: A longitudinal analysis. *Political Psychology*, 31 （3）, 421 – 452.

［4］ Schwartz, S. , Cieciuch, J. , Vecchione, M. , Davidov, E. , Fischer, R. , Beierlein, C. , et al. （2012） . Refining the theory of basic individual values. *Journal of Personality and Social Psychology*, 103 （4）, 663 – 688.

［5］ Schwartz, S. H. （1992） . Universals in the content and structure of values: Theoretical advances and empirical tests in 20 countries. In M. P. Zanna （Ed. ）, *Advances in experimental social psychology*, Vol. 22, pp. 1 – 65, Academic Press.

［6］ Schwartz, S. H. （1994） . Are there universal aspects in the structure and contents of human values? *Journal of Social Issues*, 50 （4）, 19 – 45.

［7］ Schwartz, S. H. （2010） . Basic values: How they motivate and inhibit prosocial behavior. In M. Mikulincer & P. R. Shaver （Eds. ）, *Prosocial motives, emotions, and behavior: The better angels of our nature*. Washington, DC: American Psychological Association, 221 – 241.

［8］ Schwartz, S. H. （2011） . Studying values: Personal adventure, future directions. *Journal of Cross – Cultural Psychology*, 42 （2）, 307 – 319.

［9］Schwartz, S. H. （2012）. An overview of the Schwartz theory of basic values. *Online Readings in Psychology and Culture* （Article 11）. Retrieved from https：//scholarworks. gvsu. edu/cgi/viewcontent. cgi? article =1116 & context = orpc.

［10］Schwartz, S. H. , & Bilsky, W. （1987）. Toward a universal psychological structure of human values. *Journal of Personality and Social Psychology*, 53 （3）, 550 –562.

［11］Schwartz, S. H. , & Bilsky, W. （1990）. Toward a theory of the universal content and structure of values： Extensions and cross – cultural replications. *Journal of Personality and Social Psychology*, 58 （5）, 878 –891.

第五章 关于智利共益企业家的研究

摘要：本章将详细阐述本研究所应用的各种研究方法，由此探究案例研究中的本体论和方法论基础。案例研究旨在通过观察智利的共益企业创业者在某一特定时点上的价值观和动机，以厘清他们为何决定建立和维持共益企业。案例研究可以让我们更深入地分析研究对象，获得更丰富、更具有启发意义的见解，这是预结构化方法所无法得到的。

关键词：案例研究（Case Study）；阐释主义（Interpretivism）；立意抽样（Purposive Sampling）；半结构式实地访谈（Semi – structured on – site Interviews）；编码（Coding）；研究伦理（Research Ethics）

研究方法

　　研究的本体论基础指的是社会实体的本质。从客观主义（Objectivism）的视角来看，社会现象包含独立于任何社会主体的中立性实体，因此社会现象是影响他们的外部因素，但无法控制他们（Bryman，2012）。建构主义（Constructivism）则意味着社会现象是构建在其社会主体的行动与观念的基础之上的，因而代表了社会建构（Bryman，2012）。本研究是基于建构主义的本体论立场。因此，作为一种新兴的社会现象，可将共益企业运动理解为是其行为主体的一种社会建构，并且受到其价值观及相应的动机和行为所影响。此外，我们将研究结果及研究者自身对这些社会现象的理解视为可能存在的多种社会现实之一（Bryman，2012）。

　　某种研究策略的认识论基础包含了这样一个问题——在一个研究领域内什么才能被认为是知识（Bryman，2012）。与本研究的建构主义本体论立场相符，本研究的认识论取向本质上是阐释性的，即考量社会行动的主观意义。为符合阐释性认识论的要求，研究方法必须能够把握社会行动中的主观内涵（Bryman，2012）。只有考虑到社会主体的世界观，我们才能理解而不仅仅是解释其行为（Schutz，1962）。韦伯（Weber，1978，第88页）也认为，只有"对社会行动有阐释性的理解", 才能做出"因果性的解释"(Causal Explanations)。

由于缺乏有关共益企业创业者的实证资料, 而且有关非传统创业者动机研究的不一致性, 因此, 我们所采用的研究方法本质上是归纳性的。归纳性方法更有助于实现我们的主要目标, 也就是, 深入了解有关共益企业创业者的价值观和动机, 且研究不局限于社会企业这一相邻领域的现有研究成果。由于受到先前文献综述的影响, 同时, 在解读研究成果并将其植入现有理论时文献综述也有一定的影响, 所以研究过程并非完全是归纳性的, 也包含了少量的演绎成分(Bryman, 2012)。

因此, 本书的研究策略本质上是定性的, 这符合研究和理论之间存在的归纳性关系, 也符合本书采用的建构主义本体论及阐释性认识论的研究方法(Bryman, 2012)。这种策略不仅要捕捉访谈中的话语本身, 更要把握话语的内涵, 这样才能从主观上对所收集的文字内容加以阐释。

研究思路

案例研究亦被称为 now – design(Brewerton 和 Millward, 2001), 这种方法适用于探寻此类问题答案的研究, 即"研究者为何难以或完全无法控制当代一系列事件"的问题(Yin, 2009, 第9页)。本研究通过识别某个随机时点上共益企业创业者的价值观和动机，旨在厘清智利共益企业的创业者建立并维持共益企业的原因。为此，我们仅于 2017 年 4 月进行了访谈，而且应用了案例研究的方法，以便对案例有更深入的探讨，从而获得更丰富、更有启发意义的新资料，这是预结构化的研究方法所无法得到的（Brewerton 和 Millward，2001）。由于当前缺乏相关的实证研究，且案例研究与归纳性的定性研究方法相一致，因此，这对获得关于智利共益企业的新的深刻见解是关键的。

就本书的研究目的而言，由于智利在共益企业运动中所扮演的角色，其共益企业社区本身就是"一个值得关注的研究对象"（Bryman，2012，第 68 页）。因此，我们采用单一案例的研究方法。以智利的共益企业社区作为本研究案例，这使我们所收集的数据更能够覆盖其所处的各种背景，因为我们假设共益企业所在市场存在不同的文化、生态系统，这些差异会影响共益企业创业者的动机和价值观（Yin，2009）。因此，更为重要的是，案例研究能够研究各种处于自然、真实环境中的现象，而不像实验性方法那样，有意拉开所研究现象与其自然环境之间的距离（Yin，2009）。在智利共益企业社区这一案例中，其分析单元是个体共益企业创业者，即那些在进行本研究时已获得了智利共益企业认证的企业的创始人或共同创始人。由于这种单一案例研究存在多元分析单位，我们可将本研究归类为嵌入式的单一案例方法（Yin，2009）。

研究抽样

本研究使用了两个层次的抽样策略：第一层次，我们选择了智利共益企业社区这一个案作为研究对象。智利共益企业社区代表了整个共益企业社区中的一个单元，该层次采用的是典型抽样法。这是一种非概率抽样法，它不允许将各种案例加以综合，而是要选取那些研究目的所需的一个或多个样本（Bryman，2012）。为回答本研究所提出的问题并使研究设计层面的样本有意义，我们认为智利共益企业社区能够代表我们感兴趣的案例。

在第二层次上，所抽样的分析单元必须能够代表整个案例（Bryman，2012）。在本案例研究的背景下，针对整体的智利共益企业社区，需要确保所选取的共益企业创业者在一定程度上必须具有一定的普遍性。第一步，我们采用的是一种便利抽样方法，即根据可获得性而选取样本单元（Bryman，2012）。根据共益体系提供的名单，我们联系了名单上所有的智利共益企业创业者，然后，依据文献中以及共益企业领域内出现的标准（又称指标）（Bryman，2012），我们选取了那些符合标准或指标的作为样本。为了使所选取的样本能够涵盖整个智利共益企业社区内的异质性，在便利抽样后便进行了配额抽样。我们剔除了那些极端的案例，比如智利共益企业中大型企业所占比重极小（95 家企业中只有 3 家是非中小型企业），这可以忽略不计。我们预先假设了一些与研究问题相关的标准（即配额），包括：共益企业所在行业、企业规模、获得共益企业认证的日期、BIA 的整体得分、得分最高的影响领域（因为这一项有可能反映其价值创造的关注点）、获得共益认证前的组织形式、创业者的性别、共益企业创业者是否创立了其他企业（条件总结具体见表 5-1）。这些假设条件源自上文所讨论的共益企业文献。

表 5-1　所抽选的样本

	共益企业						共益企业创业者	
编号	行业	规模	获认证日期	BIA 分值范围	影响领域	获得认证前的组织形式	性别	其他企业
BE1	制造	中小型	2014 年 10 月	80~85	社区	有社会使命的营利性企业	男	是，非营利组织
BE2	其他服务	中小型	2014 年 11 月	80~85	社区	有社会使命的营利性企业	女	否
BE3	批发业	中小型	2012 年 7 月	80~85	社区	有社会使命的营利性企业	女	否
BE4	其他服务	中小型	2014 年 10 月	80~85	环境	有社会使命的营利性企业	女	否
BE5	技术服务	中小型	2014 年 8 月	116~120	顾客	有社会使命的营利性企业	男	是，非营利组织
BE6	信息技术	中小型	2013 年 7 月	80~85	员工	有社会使命的营利性企业	男	否

	共益企业						共益企业创业者	
编号	行业	规模	获认证日期	BIA 分值范围	影响领域	获得认证前的组织形式	性别	其他企业
BE7	技术服务	中小型	2013 年 9 月	106 ~ 110	员工/社区	有社会使命的营利性企业	女	否
BE8	批发业	中小型	2012 年至 2015 年 8 月	80 ~ 85	环境	有社会使命的营利性企业	男	否
BE9	行政服务	中小型	2014 年 12 月	80 ~ 85	员工/社区	有社会使命的营利性企业（与其非营利性组织合作）	男	是，非营利组织
BE10	住宿服务	中小型	2014 年 7 月	96 ~ 100	社区	有社会使命的营利性企业	男	否
BE11	信息技术	中小型	2015 年 2 月	80 ~ 85	员工/社区	有社会使命的营利性企业	男	否
BE12	教育	中小型	2013 年 2 月	106 ~ 110	顾客	有社会使命的营利性企业	男	否

资料来源：作者创作。

　　在研究开展时，智利共有95位共益企业家，样本包括了其中的12位。受访企业家用BE1至BE12的编码来表示，BE是指英文的"共益企业创业者"（Benefit Corp Entrepreneur）。行业包括：制造、其他服务、批发业、技术服务、信息技术、行政服务、住宿服务和教育；样本中的12家共益企业均为中小型企业；获得认证的最早日期是共益企业运动在智利刚出现的2012年，最晚是2015年（在本书撰写时，2016

年、2017 年获得认证的企业尚未被纳入共益体系的数据库之内）。在 12 家受访者中，7 家的最高得分是对"社区"的影响；4 家是"员工"；2 家是"顾客"；2 家是"环境"。如文献所提出的（Stubbs，2014；Kim，Karlesky，Myers 和 Schifeling，2016；Coral，2016），在获得认证前，12 家共益企业均为有社会使命的营利性企业。

受访者中有 4 位女性、8 位男性，男性企业家中有 3 位已创立了除共益企业之外的其他非营利组织。

数据收集

本研究数据是采用半结构式问题的方法、对智利的 12 位共益企业创业者进行一对一的实地访谈而收集的。由于定性访谈在应用时具有弹性，并且符合本案例研究意在其自然背景下深入分析某种现象这一研究目的（Bryman，2012；Bhattacherjee，2012），因此，我们便选择了这一访谈方式。这种数据收集方法可以让我们观察到受访者的个人观点和世界观，也能让受访者更无拘束地以自己的方式讲述他们认为相关和重要的事（Bryman，2012）。由于本研究旨在厘清个人的价值观和动机，所以这些特征对后续的数据分析和解读十分重要。

本研究采用的访谈指南包括两个主要的开放性问题和随

机形成的 12 个较灵活的辅助问题，这 12 个问题的顺序、措辞和完整性会因访谈的具体情况而有所差异。

主要问题

（1）请告诉我您是做什么的。

（2）您是如何开始创建一家智利共益企业的？

辅助问题

（1）您经营贵公司的时间有多长？贵公司是否一直都有某种社会使命？

（2）您何时决定成为一家获得认证的共益企业？为何要获得共益企业认证？

（3）您是如何决定创立这家社会性的公司的？是否有个人因素在内？

（4）您是否感觉是因为某种特别鼓舞人心或令人自我转变的经历才让您开始走上社会企业之路？

（5）在您成为社会企业创业者的过程中，是否有某个人对您产生了举足轻重的影响？有的话，请讲述一个关于这个人如何启发了您的故事。

（6）谁会从您的共益企业的活动中受益？他们是如何受益的？

（7）共益企业是如何满足您的个人需要的？

（8）在您开始共益企业工作之前，您有了什么样的期望？您所获得的收益是否符合了这些期望？

（9）贵公司是因为什么而获得成功的？

（10）您是如何测量绩效的？

（11）您是否创立过任何商业企业？是的话，创立那家企业和这家共益企业的动机有何不同？

（12）您是否会自称为社会企业家？您认为您在哪些方面有别于传统企业家？

与完全开放型的访谈相比，基于由上述主要问题和辅助问题构成的访谈指南所进行的半结构性访谈，更能够确保对不同访谈单元进行可靠的比较，并且还能提供一定程度的指导（Bryman，2012）。尽管如此，访谈指南结构的设计旨在尽可能多地引出个人见解并获得丰富而客观的信息。因此，首先对受访者提出开放性的主要问题，然后，根据受访者所提及的，我们再提出一些辅助问题。访谈中并不一定要涉及所有辅助问题，我们也鼓励采访者和受访谈者提出更多或补充性问题（Bryman，2012）。而且，因为我们假设受访的共益企业创业者有可能会试图让自己的回答符合大众所理解的共益运动及其思想，因此，许多访谈问题本身是隐性的。

12次访谈均为面对面的，访谈时用的是受访者的母语——西班牙语，并且访谈的场所是受访者的自然环境，即这些受访企业家的共益企业经营场所。在征得企业家同意的情况下，访谈会被录音，然后再转换为文字。在访谈时和访谈后，采访者都会及时记笔记，以记录下那些值得注意的观察和研究者的想法，供后续数据分析参考。在研究发现的内容中，那些直接引自受访者的内容将被翻译为英文。

数据分析

人们将编码视为一种生成理论的有力数据分析方法，因此符合本研究运用的归纳性定性研究策略（Bryman，2012）。定性研究文献往往不会明确说明实证研究过程中如何确定、如何分类以及如何形成各种类别和概念，这是一片空白（Ryan 和 Bernard，2003；Pierre 和 Jackson，2014）。为了确保本研究对数据的定性分析是可靠的（Campbell，Quincy，Osserman 和 Pedersen，2013），下文将详细描述这些基本步骤。

有很多可以用来描述实证研究步骤的基本概念。有的社会学者称之为主题（Themes）和表达（Expressions），有的学者则称之为编码（Codes）（Miles 和 Huberman，1994）或标签（Iabels）（Dey，1993）。本研究将采用著名根理论者 Glaser 和 Strauss（1967）所提出的观点，将主题和编码称为类别（Categories），而 Strauss 和 Corbin（1990）将其表达为概念（Concepts）。所谓的概念，就是"运用于离散的事件、事情以及其他现象的概念性标签"（Strauss 和 Corbin，1990，第 61 页）。而类别则是对这些概念加以分类，即通过"将概念一一加以对比，来找出那些属于同一个现象的，由此，这些概念会被归类到某种更高阶、更抽象的概念中，称之为类别"（Strauss 和 Corbin，1990，第 61 页）。换言之，类别是将概念和其他类型的抽象概念联系起来的。有些类别覆盖较广，涉及很多概念；而有的则覆盖较窄且具体。当我们能够回答"这个概念是属于哪类"这一问题时，便可找出其类别（Ryan 和 Bernard，2003）。

本研究使用的类别是通过一个对混合主题的编码过程而形成的，这一过程结合了基于数据的归纳性编码和基于理论的先验编码（Mody，Day，Sydnor 和 Jaffe，2016；Ryan 和 Bernard，2003）。现有关于共益企业家及社会企业家这一相邻领域的动机研究对我们形成访谈指南产生了影响，这些文献为我们提供了一些先验类别，如探寻企业在社会中所扮演的角色及意义。其他一些补充和扩展的概念和类别则是从数据中直接归纳出来的，诸如与爱相关的、自我发展的欲望，这样的话，便可保持本研究的建构主义性质（Mody 等，2016）。采用这一混合主题编码程序的原因是为了平衡两种风险：一种风险是由于理论空缺而看不到研究问题和数据之间的真实联系；另一种风险是由于太狭窄的理论视角而仅仅找到当初所寻找的信息（Ryan 和 Bernard，2003）。施瓦茨的原生价值观理论提供了第一种元类别的栅格，由此能够确保在基于数据进行归纳性编码时，能够清晰地从理论上区分不同类型的价值观和动机。由于对共益企业家或社会企业家这一动机研究领域保持中立，因此，预先决定来自数据的研究发现这一风险是不大的。

根理论者将识别新的类别称为开放性编码并且它包含多种多样的观测技巧（Ryan 和 Bernard，2003）。本研究用于识别概念和类别的观测技巧是根据 Ryan 和 Bernard（2003）而改编的。在应用相关技巧前，研究者要认真阅读每一份访谈的文本，认真聆听每一次访谈的录音，以再现访谈时的情境，并捕捉语气的变化、说话的停顿、笑声等情绪反应。此外，在分析相关访谈文本时，研究者也会考虑那些在访谈时和结束后所记下的现场笔记。

第一步，我们运用了三种观测技巧，即重复（*Repetition*）、转变（*Transitions*）和异同（*Similarities and Differences*），来识别出资料中最突出的概念和类别（Ryan 和 Bernard，2003）。

·重复：该技巧是指对出现和重现的关注，重复包括词汇本身的出现和重现，但也包括受访者核心观点的出现和重现（Ryan 和 Bernard，2003）。例如，意思（*Sense*）和意义（*Meaning*）这两个词在所有的访谈中都出现且重现了。

·转变：使用这一技巧时，编码人员要搜寻那些自然出现的内容转变，例如话语或语气的变化、停顿、插话、话轮转换或特定短语。以半结构式访谈作为收集数据方法时，访谈者与受访谈者均可引导内容的转变（Ryan 和 Bernard，2003）。比方说，当"您是否将自己视为一名企业家"这一问题在另外一个语境中出现时，访谈者便可引导受访谈者进一步解释他对此话题的理解。

·异同：该技巧就是 Glaser 和 Strauss（1967）的不断比较方法，即通过系统地进行对比，来确定各单元数据之间的相异点和相同点。不同的问题，比如"这句话表达的究竟是何意？""这句在哪些方面和上下文相似，在哪些方面不同？""某个特定的说法怎么样区分于另一个说法，说法之间有何相似之处？"以及"这段文字如何与上文不同"，再加上各种假设性问题，如"如果说这句话的受访者是女性而不是男性，会有何不同？"（Ryan 和 Bernard，2003，第 91 页），这些问题都有助于厘清不同概念在一次访谈之内和多次访谈之间具体和抽象的异同。所进行的比较也包括不同类别的强度（Ryan 和 Bernard，2003），比方说，创业者对成功的定义是通过不断比较其做出决策时所强调的优先性来进行分类的：社会导向、混合导向和利润导向。

第二步，我们应用了观测技巧中与理论相关的资料，这更加强调了理论，目的是对第一步骤中所识别出来的类别加以丰富和补充（Ryan 和 Bernard，2003）：

·与理论相关的资料（*Theory - Related Material*）：将所说的话语融入到一个理论情境中，这有助于使编码人员对所研究现象的特殊条件和背景保持敏感。但此方法也有其风险所在，研究者有可能只能找到其当初所寻找的发现和结果（Ryan 和 Bernard，2003），这就是为什么该方法只运用在后期的类别识别中。有一些类别来自社会企业文献，例如对渴望社会公正（Desire for Social Justice）和从挫折感中得以解脱（Relief From Personal Frustration）等。

通过利用以上四种观测技巧，尽可能多地识别出各种相关概念和类别，然后，我们运用了 Ryan 和 Bernard（2003）提出的剪切和分类（Cutting and Sorting）这两种处理方法，进一步探讨各种数据之间和各种访谈之间的关系和联系。

·剪切和分类：该步骤首先需要确定的是在那些出现的类别中哪些将有助于达到研究目标且值得进一步分析。然后，研究者将这些类别及其来源和分析所需的背景资料都剪下来并粘贴到小索引卡上。继而，通过不断的比较，研究者将这些索引卡分堆和整理，这些小堆的卡片就形成了识别过程中使用的类别（Ryan 和 Bernard，2003）。以自我发展—思考（Self – Development – Thought）这一元类别为例，实施这一步骤会得出的类别包括自我发展（Self – Development）、发展个人能力（Development of Personal Competence）、学习（Learning）、好奇心（Curiosity）和创新（Creativity）。

研究质量

为确保研究质量，本研究在整个研究过程中均考虑到了信度（Reliability）和效度（Validity）的标准。由于应用的是定性研究方法，并且为了符合本研究的目标及其本体论、认识论的取向，我们舍弃了质量标准中通常采用的信度和内外部效度这两个维度，取而代之的是对 Lincoln 和 Guba（1985）所提出的标准加以调整，以适应定性研究所需。

信度指的是某项研究的可复制性（Bryman，2012）。对案例研究而言，信度是指使用同样的案例（即智利共益企业社区）进行研究的可复制性（Yin，2009）。在定性研究中，因为社会现象是动态的、不断变化的，因此这一标准的适用性是有限的。为此，Lincoln 和 Guba（1985）提出了一个适用于定性研究的标准，即可靠性（Dependability），这一标准衡量的是研究成果的一致性和可重复性。建议采用这种标准时，要保留研究过程中每个阶段的完整记录并且通俗易懂（Bryman，2012），而且，也建议研究者要描述研究情境及那些影响研究过程的不同因素（Trochim，2006）。为此，本研究保留了所有的研究记录，并且大部分记录都被纳入本书中，这些记录包括研究问题及其产生的研究方法和研究策略、抽样过程、访谈指南，以及数据收集过程的详细描述和分析。为了保护参与者的匿名性，书中没有附上现场笔记和访谈文字记录。根据 Yin（2009）的建议，我们设计了一些研究过程中可追溯的步骤，诸如分析数据时所采用的观测和处理技巧，这是为了能够重复同一过程。

内部效度（Internal Validity）说明访谈者所获得的研究发现与将之转化为理论内涵的匹配程度。Lincoln 和 Guba

（1985）建议，在进行定性研究时，以可信性（Credibility）代替内部效度，用以衡量研究中所发现"真理"的信任度。由于认识到社会科学对社会现实中的某一方面能够有多种不同理解，因此，每份研究者的报告会衍生出不同结论并有所取舍，对此要以可行性（Feasibility）或可信性标准对这些结论加以评价，并评价他人接受此结论的程度（Bryman，2012）。更具体地说，由于本研究旨在探究所研究现象的现实，因此，研究发现必须对研究对象而言是具有可信性的（Trochim，2006）。为确保研究的可信性，人们建议要增加受访者的验证，即相关研究发现及相关结论的一致性要得到受访者的明确确认（Bryman，2012）。在本研究中，访谈者直接向受访者询问其是否认可那些访谈过程中所得出的结论。但是，由于研究目标本质上是为了解个人有意或下意识地表达出的价值观和动机，我们并未在访谈结束后直接让受访者完成确认过程。Bryman（2012）也提及过存在研究参与者防御性反应或审查的风险。

外部效度（External Validity）是指能够对研究发现加以概括，而不仅限于直接的（案例）研究范围（Yin，2009）。对案例也必须加以概括是基于这个理念，某一个案例所得出的研究成果应该能够运用于其他案例或其他情境中，所以，批评者指出，单一案例的外部效度很低（Bryman，2012；Yin，2009）。但是，与定量研究不同，定性案例研究通常对独特的社会情境比较敏感，甚至有可能为这些独特的社会情

境设计出丰富的背景（Bryman，2012）。Lincoln 和 Guba
（1985）采用通达性（Transferability）这一概念，它能够通
过详细描述研究情境并陈述其背后的研究假设而有所提高
（Trochim，2006）。因此，本研究旨在探讨智利生态系统内的
共益企业社区现象，以贡献于其独特的社会情境，而不在于
将研究发现加以一般化而应用到其他共益企业社区。这与
Yin（2009）所提出的想法一致，即定性案例研究的学者们
应当注重将成果概括为理论，而不将之概括到其他案例。本
书前文已对研究情境和研究假设进行了详细描述。

　　定性研究中的可验性（Confirmability）与定量研究中的
客观性（Objectivity）相对应（Lincoln 和 Guba，1985）。假
设研究者将数据转化为研究成果和理论含义，同时加入了自
己独特的视角，如此，就需要增强研究的可验性。假若只有
一位研究者，可以重新审核其所分析的资料；如果是几位研
究者，则可以利用审核数据、交叉分析、重新编码的方法
（Trochim，2006）。本研究是由单一研究者完成的，因此，在
数据分析时，研究者通过不断比较、谨慎处理数据来增强可
验性。

伦理考量

　　由于各种责任和利益之间的冲突，社会研究者在从事研

究时会面临一些伦理困境（British Sociological Association，2002）。因此，我们应当充分考量伦理问题，尤其是在那些可能有损于研究参与者或研究者自身的相关方面（Bryman，2012）。

至于与研究参与者的关系，研究者应当注意每时每刻的所作所为，尽量用心负责，以保证"研究参与者的身体、社会和心理健康不会因为进行的研究而受到了负面影响"（British Sociological Association，2017，第5页）。充分告知参与者可能需要的相关研究信息，来让他们明智地决定是否参与、参与多少这两个问题，这是至关重要的（British Sociological Association，2017）。在本研究中，研究者事先向参与者解释了研究的范围和目标。参与者是通过自愿回复一封邮件来参加研究的，邮件内容包括有关研究的主要信息，并明确说明收件者有拒绝进一步参与的权利。在收集数据时，研究者向参与者征得同意才录音，并保证资料只会被使用在本研究中。为了不干扰参与者的私生活，数据收集被嵌入他们的自然工作生活中：访谈在工作时间于其共益企业的经营场所进行，并且使用了正式的会议交谈模式，而不是实证探究方法。

收集的数据始终严格保密，并且本书的出版已被加密。被加密的数据只被使用于本研究中，未经参与者的同意，不准被传至任何第三方。与本研究的建构主义的本体论取向一致，研究成果被看做多种对社会现实的理解的其中一种（合理的）理解。虽然研究目的是为了厘清共益企业家的价值观和动机具有的共同点，本研究不试图将其动机类型局限于研究发现，那样很有可能会让我们误解他们，认为共益企业家必须具备一系列有限的特征。

本研究的局限性

由于案例研究的设计性质，本研究的结论仅限用于智利共益企业社区，未必适用于整体的全球共益企业社区。因此，从本研究引出启示时，应当先仔细考虑到智利的情境。此外，以 12 位共益企业创业者为样本也使本研究具有优势和存在局限。在某些智利共益企业家的参数上，本研究的样本在诸多方面存在很大变化：行业、加入共益企业运动的时间、整体 BIA 得分、得分最高的领域、性别以及共益企业以外所创立的企业。如果有更多智利共益企业样本的话，就有可能会显示出更多本研究未能观察到的价值观和动机，进而引出更多或更完善的动机类型。拉丁美洲的共益企业及其企业家的相关研究正处于探索阶段，因此，与小样本所带来的局限相比，能够与一群背景各异的共益企业家进行丰富、深入的访谈带来的好处更为重要。访谈次数也受到了共益企业家是否有空、是否愿意参加等限制。使用共益企业家的自愿参与来选择被调查者也有可能会使研究发现出现偏差，因为我们设想他人导向的共益企业家应该更愿意参与有关共益运动的研究。

由于叙述的阐释性本质，我们无法宣称本研究的发现全无偏差（Harriman，2015）。为建立本研究的结果所需的观察和模式是以受访对象所理解的现实为基础的。而且，为符合本研究的本体论取向，我们认为所反映的、对现实的理解是基于研究者自己的记述，因此只能被视为多种可能存在的社会现实方法其中一种（Bryman，2012）。

在数据加工这一层面，本文应用施瓦茨（1992）的原生价值观理论，有可能在诸如共益企业社区或对意义的寻找等不同主题的交叉处限制研究发现的陈述。但是，鉴于现有研究的情况，我们认为利用整个价值观图谱来形成多维度的研究启示更为重要。

参考文献

［1］ Bhattacherjee, A. （2012）. *Social science research: Principles, methods, and practices* （2nd ed.）. Florida: University of South Florida.

［2］ Brewerton, P., & Millward, L. （2001）. *Organizational research methods: A guide for students and researchers*. London, UK: SAGE Publications.

［3］British Sociological Association. （2002）. Statement of ethical practice for the British Sociological Association. Retrieved from https：//www. britsoc. co. uk/ media/23902/statementofethicalpractice. pdf.

［4］British Sociological Association. （2017）. Statement of ethical practice. Retrieved from https：//www. britsoc. co. uk/ media/24310/bsa_ statement_ of_ ethical_ practice. pdf.

［5］Bryman, A. （2012）. *Social research methods* （4th ed. ）. New York：Oxford University Press.

［6］Campbell, J. , Quincy, J. , Osserman, J. , & Pedersen, O. （2013）. Coding in – depth semistructured interviews：Problems of unitization and intercoder reliability and agreement. *Sociological Methods & Research*, 42 （3）, 294 – 320.

［7］Coral, C. （2016）. *Increasing societal impact in social enterprises—Lessons from a B Corp multiple case study* （Unpublished master's thesis）. Lund University, School of Economics and Management, Lund, Sweden.

［8］Dey, I. （1993）. Qualitative data analysis：A user – friendly guide for social scientists. London, UK：Routledge.

［9］Glaser, B. G. , & Strauss, A. （1967）. *The discovery of grounded theory：Strategies for qualitative research*. New York：Aldine.

［10］Harriman, A. （2015）. *The making of a movement：*

The rise of the B Corp on the global stage (Unpublished master thesis). Copenhagen Business School, Copenhagen, Denmark.

[11] Kim, S., Karlesky, M., Myers, C., & Schifel-ing, T. (2016, June 17). Why companies are becoming B Corporations. *Harvard Business Review*. Retrieved from https://hbr. org/2016/06/why – companies – are – becoming – b – corpo-rations.

[12] Lincoln, Y., & Guba, E. (1985). *Naturalistic inquiry*. Newbury Park, CA: SAGE.

[13] Miles, M. B., & Huberman, A. (1994). *Quali-tative data analysis: An expanded sourcebook*. Thousand Oaks, CA: SAGE Publications.

[14] Mody, M., Day, J., Sydnor, S., & Jaffe, W. (2016). Examining the motivations for social entrepreneurship u-sing Max Weber's typology of rationality. *International Journal of Contemporary Hospitality Management*, 28 (6), 1094 – 1114.

[15] Opler, M. (1945). Themes as dynamic forces in culture. *American Journal of Sociology*, 51 (3), 198 – 206.

[16] Pierre, E., & Jackson, A. (2014). Qualitative data analysis after coding. *Qualitative Inquiry*, 20 (6), 715 – 719.

[17] Ryan, G. W., & Bernard, H. R. (2003). Tech-niques to identify themes. *Field Methods*, 15 (1), 85 – 109.

[18] Schutz, A. (1962) . *Collected papers I: The problem of social reality.* The Hague, The Netherlands: Martinus Nijhoff.

[19] Schwartz, S. H. (1992) . Universals in the content and structure of values: Theoretical advances and empirical tests in 20 countries. In M. P. Zanna (Ed.), *Advances in experimental social psychology*, Vol. 25, pp. 1 – 65, Academic Press.

[20] Strauss, A., & Corbin, J. (1990) . *Basics of qualitative research: Grounded theory procedures and techniques.* Thousand Oaks, CA: SAGE Publications.

[21] Stubbs, W. (2014) . *Investigation of emerging sustainable business models: The case of B Corps in Australia* (Unpublished doctoral publication) . Monash University, School of Social Sciences, Clayton, Australia.

[22] Trochim, W. (2006) . Qualitative validity. In *Research methods knowledge base.* Retrieved from http://www. socialresearchmethods. net/kb/qualval. php.

[23] Weber, M. (1978) . *Economy and society* (G. Roth & C. Wittich, Ed.) . Berkeley: University of California Press.

[24] Yin, R. (2009) . *Case study research—Design and methods* (2nd ed.) . London, UK: SAGE Publications.

第六章　智利共益企业家的价值观与动机

摘要：本章将详细说明智利共益企业创业者所表达的价值观和动机，并将对访谈材料中所发现的每一类价值观进行讨论。为从本研究得到丰富见解，本章也将共益企业家的动机表达分成不同强度等级来探讨。共益企业界个体的动机表达强度划分为强、中等、弱和不适用（如果访谈中未出现该价值观的相关信息）。这一归类表达了一种定性的比较评价并考量了每位共益企业家的特殊情况。除了分析每一类价值观以外，本章将关注共益企业家价值观的动态结构，尤其关注两极的价值观结构以及对自我和他人导向的价值观之间的区分。

关键词：价值观与动机（Values and Motivation）；自我导向（Self – direction）；成就（Achievement）；慈爱（Benevolence）；大同主义（Universalism）

共益企业创业者的价值观与动机

总体概述

表6-1展示了共益企业家样本中价值观和动机表达的百分比分布。

表6-1　共益企业家动机分布综述

价值观	强动机		中等动机		弱动机		不适用	
	%	#	%	#	%	#	%	#
自我导向—思考	50	6	25	3	25	3	0	0
自我导向—行动	92	11	0	0	8	1	0	0
刺激	33	4	25	3	42	5	0	0
享乐主义	8	1	50	6	42	5	0	0
成就	92	11	8	1	0	0	0	0
权力—控制/权力—资源	83	10	0	0	17	2	0	0
权力—面子	0	0	0	0	0	0	0	0
安全—个人	42	5	42	5	17	2	0	0
安全—社会	0	0	33	4	0	0	67	8
遵从—规则/遵从—人际	0	0	25	3	75	9	0	0
传统—传统和谦虚	25	3	42	5	0	0	33	4
慈爱—关心	67	8	25	3	0	0	8	1
慈爱—可靠性	0	0	0	0	0	0	0	0
大同主义—关注社会	67	8	25	3	0	0	8	1
大同主义—保护大自然	42	5	17	2	0	0	42	5
大同主义—包容	42	5	8	1	0	0	50	6

资料来源：作者制作。

表 6-1 显示，施瓦茨（1992，2012）所列的 19 类价值观中，其中有 17 类在受访的共益企业家的叙述中出现过。下一部分将详细解释这些研究发现。

共益企业家的价值观与动机

表 6-1 的研究结论是来自对 12 位智利共益企业家所进行的 12 次半结构式访谈而得出的，表中根据施瓦茨等（2012）所提出的 19 类价值观与子价值观进行分类。

智利共益企业家的价值观被分为自我导向与他人导向两种动机。为尽可能深入地了解这一未开发的研究领域，我们发现共益企业家在表达其动机时存在一些共性，并且表达出不同强度的动机。单个共益企业家对其动机的表达被评为强、中等、弱或不适用（若未出现该价值观的相关表达）。为了可视化，我们在每个价值观维度标上一个图标，以此显示样本中动机及其强度的分布。这一归类说明研究者进行的是一种定性的比较性评价，并且考量了每一位共益企业家的情境。当其有助于理解一个特定的动机表达，我们就会附上相关的直接引用。访谈语言为西班牙语，我们尽可能精确地将这些引文加以翻译，以英文显示。

智利共益企业家的自我导向动机

自我导向—思考（Self – direction – Thought）

回顾：源自对自我控制的生理性需求，包括对内心想法、冲动等方面的控制。这一子价值观的基本动机目标是自由地形成和理解个人自身的想法、观念和智力，具体包括创造性或想象力以及好奇心或兴致。该子价值观是指内在能力而并非外部评价（Schwartz，1992；Schwartz 等，2012）。

弱　　　　　　中等　　　　　　强

图 6 – 1　关于"自我导向—思考"价值观的研究结果

资料来源：作者制作。

强动机（BE1、BE3、BE7、BE9、BE10、BE12）

受访的共益企业家中有一半表达了对自主思考的强烈需要。其中一部分是由追求学习、自我发展、胜任能力提升所驱使，其共益企业就成了满足其需求的大学，并且是一个带来创新和自发性的个人空间，给他们提供了一个"可用来玩

要、创造、表演和学习的大空间"（BE1）。就这些企业家们
而言，这正是其动机和意义所需要的基础。学习是他们最为
看重的资产，比经济收益更为重要。因此，他们非常鼓励员
工们在日常工作中交流想法、向其他小组学习。在他们看
来，那些看重利润和形象的人迷失方向，将自己的生命奉献
于一个错误的使命。

独立思考使得共益企业家们能够找出解决那些紧迫社会
和环境问题的方案。在他们眼里，传统领域和"常规经营"
无法解决这些问题。因此，发挥其创造性和好奇心来行动是
另一类重要的价值观。他们的所作所为反映了高度的好奇
心。他们不吝耗费时间去拓展相关知识，以解决那些关注的
问题。如 BE9 所解释的，"我就拿起了背包，开始边参观项
目，边游走智利……由此开始建立各种关系、开阔视野"。
其丰富的想象力和创造性使他们能够设计出各种独特、富于
创新、行内前所未有的商业模式。通过这些替代性的商业模
式，他们力图为所有利益相关方创造经济价值、社会价值和
环境价值。

中等动机（BE6、BE8、BE11）

这三位共益企业家决定创立共益企业的过程并没那么有
创新。他们得到了机会，比方说是合伙人提出的想法或出现
了很明显的商业机会，而他们已具备所需的关键知识和资
源，所以转变极为顺利。BE6 说，"我决定开始以不同的方
式展开工作，他们差点把我给踢出去了。就是那时候，我跟

'今天的合伙创始人'聊天了，他刚好马上要开始'创立一家共益企业'，我就看到了我的机会"。尽管如此，他们之所以愿意以共益企业的形式来接受新的经营逻辑，这是由于他们想要推动良好、公平的商业实践。因此，创立一家共益企业给他们提供了一个新的智力挑战。

弱动机（BE2、BE4、BE5）

这三位共益企业家关注行动效率和那些已被证实为有效的商业模式，所以，独立思考几乎不是他们的动机。其商业模式是他人提出的，而加入运动的动机来自于其他价值观。以 BE5 为例："当初我没有觉得有什么说服力……但在我们一起完成了一个既影响广泛又创造经济价值的项目后，我就爱上了，然后说，好啊，那咱们就这样干吧。"

自我导向—行为（Self - direction - Action）

回顾：源自同样的生理性需求，该子价值观的动机目标是自由选择自己的行为，也就是说，选择自己的目标并利用自己的能力去完成。独立自主与自力更生乃其关键因素。该子价值观同上，指内在的能力，并非外部评价（Schwartz，1992；Schwartz 等，2012）。

弱　　　　　　　　中等　　　　　　　　强

图 6 - 2　关于"自我导向—行为"价值观的研究结果

资料来源：作者制作。

强动机（BE1、BE3、BE4、BE5、BE6、BE7、BE8、BE9、BE10、BE11、BE12）

几乎所有受访的共益企业家都非常重视行动的自主性，只有一个例外（BE2）。其中，他们最重视的是要达到自选的目的。一方面，这之所以对共益企业家而言很重要，是因为他们对自己的世界观深信不疑并且对他们愿意将自己的生命奉献于什么很清楚。他们不愿意将时间浪费在那些传统企业中，因为传统企业不能为自己提供追求其理想信念和人生使命所需要的环境。在他们看来，很多人还不关注那些可服务人类的最重要目标，因此有要按照其目标去行动的强烈需要。如 BE7 所说："我当时是想做一件有意义的事。……由此我明白，很多事情使得世界上的一切对我来说都是有意义的，可是由于某种原因，人类就拒绝学习、拒绝改变……来让更多人性化的事情发生。"他们相信一家企业有潜力成为推动社会发展的一个发动机，并认为促进社会的发展可以是商业模式的一部分，这驱使他们从零开始，创立一家新的、更好的企业。

另一方面，行动的自主性使他们能够选择一个包含其所有个人爱好的生活方式。很多共益企业家非常清楚何种生活方式方能让他们觉得快乐以及他们有哪些兴趣爱好。BE10 叙述道："这个企业完美地结合了我的爱好——旅游、拥有自己的企业和乐于助人。"在许多情况下，创立共益企业是对以往工作经历中所个人遇到的挫折感而提供的解决方案。那种挫折感让他们意识到自己生活中所丧失的是什么并让他们明白自己意欲改变什么。

此外，行动上的自主性而实现的独立自主和自力更生也驱动着共益企业家。这一点反映在他们对周围所见到的那些非常独立自主的企业家所表达的钦佩以及他们对自己行动所表现出来的自豪感。如 BE8 说道："完全靠自己一个人去做，就特别有成就感。"对于三位女企业家（BE3、BE4、BE7）和一位男企业家（BE12）来说，独立自主也与他们作为父母的生活和作为专业人士的生活相结合的能力有关。

弱动机（BE2）

BE2 的主要动机并非包括自由选择自己的行动或独立自主。虽然如此，她感觉营利性的企业还能做好事，尤其是因为其自选的目标，即在获得较高 BIA 得分的同时，保持财务稳定性。为了寻找工作中的意义，她决定就职于现在这家共益企业。她似乎不认为自己比前一份工作自由，但更加有意义。她解释说："我喜欢那种令我下班后觉得心满意足的那种工作。……这种事并不总是发生在我身上，在私营企业更不会，而在非政府组织工作时候经常会。我之所以工作是因为需要工作。我有两个孩子需要抚养，我的工作越好，对他们也越好，那对我也就越好。"

刺激（Stimulation）

回顾：出自生理上需求但在社会经验的制约下达到最佳

的兴奋水平，在获得兴奋（刺激的经验）、新奇（生活中的多样性、变化）和挑战性（大胆、寻找冒险）等动机上会因人而异（Shcwartz，1992；Schwartz 等，2012）。

弱　　　　　　　　中等　　　　　　　　强

图 6-3　关于"刺激"价值观的研究结果

资料来源：作者制作。

强动机（BE1，BE9，BE10，BE11）

挑战使得这些共益企业家能够保持在最佳觉醒状态中。如 BE1 所说："我喜欢的那种生活，就是我自己决定事情是怎么做的，前提条件是要有挑战性。"在创造一种能获得所期望效果的独特商业模式之前，会遭遇到各种需要去克服的阻碍，这对他们而言是一种动力。因此，他们愿意集中精力来找出其面对问题的解决方案。此外，共益企业给他们提供了一个机会来塑造其所喜欢的工作风格。如 BE9，他声称自己是一个喜欢"创造新事物""躁动不安"的人，他们日常工作生活中追求多样性。他们在选择商业活动和项目时，考虑到一个选项能否让他们不停地换地方、与不同的人打交道，让他们不断地适应新经验，这便反映了他们追求变化的动机。所经历的新经验让他们因为自己的工作而感到兴奋。

中等动机（BE2，BE5，BE7）

虽然 BE5 和 BE7 的动机更主要是来自其管理项目的多样性和新鲜感，而不是挑战性本身。BE2 则认为，共益企业认证驱使着她有所进步、获得更高的 BIA 得分。不过，BE2 没有表现出任何对新奇或兴奋激动的欲望。

弱动机（BE3，BE4，BE6，BE8，BE12）

尽管认同挑战是创业的一部分，但他们并不认为挑战本身是一件有益的事。在选择项目和商业活动时，他们并不关注新奇或刺激两方面。在这些共益企业家看来，一个项目产生预期的影响或一个自选目标的实现比达到目的的方法更让他们有动力。

享乐主义（Hedonism）

回顾：享乐主义的动机目标是为得到个人快感和感官上的满足（Schwartz，1992；Schwartz 等，2012）。注意：该价值观不应与快乐相混淆。施瓦茨（1992）认为，快乐能够通过追求十类价值观中的任何一类而得以满足，与所有价值观正相关。

弱　　　　　　中等　　　　　　强

图 6 - 4　关于"享乐主义"价值观的研究结果

资料来源：作者制作。

强动机（BE11）

享乐主义有可能是其中一位共益企业家最强烈的动机。在选择是否继续从事某一工作时，他的决策取决于从中获得的满足感。共益企业工作场所内的"氛围"（Vibes）和共益企业如何让他根据所得到的快感而调整其生活方式是他的主要动力。所选择的企业项目取决于他是否对该项目有激情、感到项目和他的爱好是否相符。BE11 说，"我感兴趣的项目就是我对它们有激情、有热情的项目。"

中等动机（BE1，BE5，BE7，BE9，BE10，BE12）

虽然这些企业家创立共益企业是为了实现更高尚的社会使命或环境使命，但他们同时也寻找一种让他们能够顾及其主要爱好的工作方式（BE1、BE5、BE7、BE9、BE10、BE12）。如此一来，他们在公司生活中和日常工作活动中都能够觉得开心。BE7 解释说："我们想要通过把工作干得好、自己做得开心来做好事。"其中有一些企业家（BE9、BE12）不喜欢其以前在传统领域工作时的经营方法，也不喜欢这种工作方式对其生活方式的影响。这正是为何他们开始寻求其他可让他们觉得更快乐的选择。

共益企业的概念是可以将行善和可能的经济稳定性相结合，因而能有更多空间和弹性从事有趣的项目和活动，这个事实也是另一个动力。BE5 说明："在企业内，你能够做有趣的事情，这些有趣的事甚至能够产生影响。"

不适用（BE2，BE3，BE4，BE6，BE8）

这些共益企业家没有表示任何来自享乐主义价值观的动机。

成就（Achievement）

回顾：该价值观是一个绩效动机，意味着根据社会决定的标准求得个人成就，并且由他人对其成功加以评价（Schwartz，1992；Schwartz 等，2012）。

图 6-5　关于"成就"价值观的研究结果

资料来源：作者制作。

强动机（BE1，BE2，BE3，BE4，BE5，BE6，BE7，BE8，BE9，BE10，BE12）

在 12 位共益企业家中有 11 位有着强烈的成就动机。他们十分重视追求自选的目标，所以达到这些目标是其创立和经营共益企业的核心动机之一。但是，区分这些共益企业家关键是看他们追求的是何种成就以及他们如何定义成功的。也就是说，他们对成功的定义中是否包括利润导向、社会导向或混合型导向的因素。

共益企业家所追求的成就中最常见的类型是那些能反映其企业混合性质的成功因素（BE1、BE2、BE4、BE5、BE6、BE8）。在其成功定义中，稳健的财务业绩是主要支柱，也符合他们对成就的追求，但他们认为只有对社会或环境做出显著贡献方能算得上真正的成功，因此，其衡量成功的指标包括财务数据以及对社会或环境造成影响的测量（这取决于他们影响的焦点）。相应的，他们对实施项目的选择主要是综合考虑其获得财务成功以及产生影响的潜力。此外，财务绩效的实现途径必须通过公正的商业行为而实现，这样才能让他们感觉满意并以公司为豪。他们珍视的个人成功是通过良好、透明的商业活动而获得的绩效。

扩展（Growth）对这类共益企业家而言是一个成就性的动力。他们共有的梦想是：先扩大其共益企业规模，在智利形成更大影响力，然后走向世界。他们多次提到对坚持不懈、持之以恒等美德的重视。BE2 这样描述："最重要的就是不要让自己疲倦。'经营公司'好像带孩子一样：第一天一切都很顺利，第二天就糟糕透顶。这就使你有时偶尔会令企业家们感到艰苦和沮丧，但是公众的认可似乎给予了弥补。"他们提到那些因创造社会价值和环境价值而获得的奖项（BE2、BE4），并声明共益企业认证有助于人们认可和信任他们所做的一切。BE4 讲述说，"这对我来说很管用，而且这是一个在商业层面有着极具吸引力的增长率的项目。'政府组织'做什么都拿我当榜样，对他们来说，我是女企业家的理想楷模，他们喜欢提到我。"

　　创造社会价值和环境价值是其他一些企业家的重要驱动力，但经济价值则没那么重要（BE3、BE7、BE9、BE10、BE12）。就他们而言，成功的获得就是看到其项目所带来的影响，这反映在其对成功的定义：评价成功的指标全是社会和环境的影响目标。成就和产生影响是联系起来的，这在他们眼里是关键的并且与其寻找意义息息相关。他们的经济动力是实现共益企业的自我维持，这样在创造社会价值和环境价值时便不会受到财务限制。他们认为，开创一家成功的传统企业比混合性组织容易得多，但还说共益企业的创业经历带来更多的刺激和满足感。他们不是为了赚钱而经营共益企业，因为他们中的大多数到月底时都很难达到收支平衡。实现项目所预期的贡献，这给他们带来"世上最大的满足感，这样一切痛苦都觉得很值得"（BE10）。他们之所以偏向混合性组织而不是非营利组织，是因为他们坚信利用市场力量才能产生更大的社会和环境影响。

　　这些企业家们认为，创造社会价值和环境价值所带来的内心满足感比公众的认可更为重要。只有 BE7 提出，获得共益企业认证时所得到的公众认可是一个动力，因为此前没有人能够明白她创立这种社会影响力优先于财务绩效的营利组织究竟有何意图。此外，与扩大规模相比，这些企业家更看重共益企业产生的影响，企业规模也只是为了扩大影响力。

　　样本中并未出现基于强烈的纯利润动机，这可能是由于这样的事实——共益企业家认为其公司比那些传统领域内的同类企业更难获得经济上的成功（BE4、BE6、BE7、BE10）。

中等动机（BE11）

就BE11而言，企业的扩展和增加的影响力都不是很重要的动力，因为那些会影响他所喜爱的放松、有趣的工作环境。他解释说："当企业扩展后，就要承担更多责任，到月底就要支付更多薪水……这样一来，我就感觉我们便失去了那些当初觉得好玩的事情。"（BE11）他对每一财务年度是否成功的主要评价指标就是财务绩效。他获得共益企业认证的动力是为了获得公众对他这种替代性商业模式的了解和认可。

权力—控制与权力—资源（Power – Dominance and Power – Resources）

回顾：所谓权力—控制，就是限制他人选择的权力，意味着有掌控他人的目的（Schwartz，1992；Schwartz等，2012）。权力—资源，即控制物质与社会资源的权力，表达了控制各种事件的动机（Schwartz，1992；Schwartz等，2012）。权力—面子则同时表达了安全和权力价值观方面。获得安全和权力的动机目标包括维护自身的公众形象或社会地位和声望，并且避免遭遇羞辱（Schwartz，1992；Schwartz等，2012）。

图 6-6　关于"权力—控制与权力—资源"价值观的研究结果

资料来源：作者制作。

在共益企业家关于权力价值观的表达中，权力—控制和权力—资源这两类子价值观有密切联系：既包含人及其行为的影响，也包含对其他企业及其所控制社会资源的影响。我们在所收集的资料中没有发现权力—面子这一子价值观的表达。

强动机（BE1、BE2、BE3、BE5、BE6、BE7、BE8、BE9、BE10、BE12）

研究显示，样本中83%的受访者有强烈动机去掌控人和社会资源，这个占比十分可观。他们创造了这些新商业模式和混合型市场解决方案，其目的是要现身说法：共益企业是可以成功运营的，因此，共益企业家是企业家的典范。他们相信自己能够利用市场的力量来有力、有效地影响社会和环境问题。他们在生活中也秉持与其共益企业一致的价值观，因为这些价值观无非是来自内心深处的信仰，即世界应该是什么样的、人应当怎么做，所以他们希望自己的使命是能够去影响尽可能多的人和企业的理念和选择。BE3解释说："当初我非常清楚自己的意图，知道我最感兴趣的是想对人的行为和生活方式有所影响。"他们所供应的产品和服务都是为了让他们以一种自认为恰当的方式去影响他人。

在企业内部，共益企业家也提出喜欢位居战略职位，因为这样就能够主导企业的未来和方向。虽然大部分鼓励员工积极主动以及组织架构扁平化，但他们很看重自己拥有最终决策权，由此能够主导企业经营的方向。如 BE12 所说："作为共益企业，我们不完美，必须谨慎。我们在建立新的业务关系时，我们必须感觉这个关系会有所增值。若不是的话，我就不干了，因为我们所提供的往往不是最便宜的选项，但会产生影响。对我来说其余都无关紧要。"他们看重其对内部决策过程和人员安排的影响力。

权力动机的另外一个重要因素就是企业家们决定成为获得认证的共益企业，因而成为全球共益企业运动的一员。在他们眼里，共益企业社区代表了一个绝佳机会，能够与志趣相投的企业家建立关系、齐心协力，以对经济体系产生显著影响，并影响世界上经营企业的模式及人们对企业角色的认识。他们相信，随着社会沿着如共益企业运动等各种社会运动的方向演进，随着消费者越来越多地去寻找市场上其他可持续性的替代品，那些传统企业便迟早会被引导向更加可持续的方向发展。他们相信自己能够共同创建一个由各种混合性组织组成的、潜在的新型经济领域。

弱动机（BE4、BE11）

BE4 和 BE11 两位企业家均是因为个人需要才创立了共

益企业，没有表达对影响力的需要。二者均为其行业内较专业化的企业，他们并不想改变其所在行业的发展方向，而是由于其所选择的差异化，把加入共益运动作为一个商机。共益企业运动启发并引导他们关注所处环境，并且在他们使用替代性商业模式时，让他们感到安全、避免孤单。

安全—个人（Security – Personal）

回顾：个体所处环境中的安全动机包括归属感，包括感受到他人对自己的关心，感受到他人对健康、清洁、互助互利的关注，也包括家庭和所爱之人的安全（Schwartz，1992；Schwartz 等，2012）。

弱　　　　　中等　　　　　强

图 6-7 关于"安全—个人"价值观的研究结果

资料来源：作者制作。

强动机（BE2、BE3、BE4、BE7、BE12）

对于这五位企业家而言，孩子的到来引起了生活方式的变化，让他们更进一步寻找人生的意义。三位女企业家（BE3、BE4、BE7）怀孕后，她们开始更多地反思其生命的意义和生活方式的选择。BE3 和 BE4 开始更关心健康问题，不愿意让孩子的健康受到威胁。BE7 想让自己的生活更有意义，想献身于更深刻的社会使命。随着时间的推移，她们更加期望有更加健康、更有意义的人生，因此，她们选择了这些因素为企业的核心理念。BE7 解释说："我女儿出生后，一切都改变了。那时候，我就问自己，我这一生中想追求什么，所以我就决定了要创立自己的社会企业。"BE2 的动机一向是经济上的稳定性，这样才能按照自己心仪的方式抚养孩子。男企业家 BE12 是被灵活的工作时间所吸引，因为他最看重的是经常陪着妻子和孩子，同时也帮助创造出一个更美好、更平等的世界，让他的孩子们能在这样的世界里长大。对他们而言，共益企业就是对家庭安全、健康、稳定和和谐的需求所产生的结果。

共益企业社区是加入共益企业运动的一个重要动力。志同道合的企业家和一个支持性的制度环境让他们有归属感。这些企业家们认为，自己"不是孤零零的疯子，还有更多的人愿意去尝试"（BE12）。共同的人生观以及对商业在社会中所应扮演角色达成的共识，让他们感觉到和谐和友谊。

中等动机（BE1、BE5、BE6、BE8、BE10）

这些共益企业家并非关注人的健康或家庭安全。虽然如此，他们很重视共益企业社区，因为社区给他们提供了一种归属感，让他们感到有支持和帮助。据 BE6 所说："使一家企业算得上是共益企业，就是有了这一群人，他们有共同的思维方式，大家都把企业看成是一个能够迅速、不断地改变世界的方式。"因此，人们把社区看做一个企业网络，让网络中的企业在商业模式的转型中相互支持。BE8 解释说："传统经济仍然嘲笑这样的想法——在一个乌托邦似的完美经济体中看待企业，并且他们对此不以为然。"因此，共益企业家加入共益企业社区所得到的归属感很重要，尤其是在困难时期。BE10 说："跟这群疯狂的人有了联系后感到自在，并且在自己身处困境而群体里其他人却还在那里做得很好时，这可以给自己提供动力。我们赋予彼此继续经营下去的力量。"

弱动机（BE9、BE11）

一些共益企业家对他们的企业应该是什么样的，以及是什么决定了他们的日常经营决策，都有自己的看法。因此，他们不像其他共益企业家那么重视共益企业社区。BE9 并不寻求共益社区的支持和陪伴，而是认为自己的企业扮演的角色是支持共益运动，因为该运动需要很多参与者才能在经济体系中发挥影响力。另外，BE11 之所以加入共益运动是为了要力争实现其想要的可持续性商业定位和形象。

智利共益企业家的他人导向动机

安全—社会（Security – Societal）

回顾：定义为更广范围的社会安全与稳定，包括国家安全、社会秩序、社会稳定（Schwartz，1992；Schwartz 等，2012）。

弱　　　　　　　　中等　　　　　　　　强

图 6 - 8　关于"安全—社会"价值观的研究结果

资料来源：作者制作。

中等动机（BE6、BE9、BE10、BE12）

12 位共益企业家的样本中有了四位提及改变整体社会以使之变得更加平等和富裕，在这个社会中，"每个人都把自己的时间投入到自己热爱的事情上，并且每个人都为共同利益做出贡献"（BE12）。提到这个动机时，企业家们都说到了一个自我导向的方面：想让自己的孩子在一个安全、公平的环境中成长，希望让孩子们有机会成为心善、快乐的人。

不适用（BE1、BE2、BE3、BE4、BE5、BE7、BE8、BE11）

大部分共益企业家没有表达有任何关于安全—社会的动机。

遵从—规则与遵从—人际（Conformity - Rules and Conformity - Interpersonal）

回顾：所谓遵从—规则是指遵守规则、法律和正式义务。其动机目标为在日常生活中有自律，能够自我约束、服从（Schwartz，1992；Schwartz 等，2012）。另外，遵从—人际则包含避免惹怒或伤害他人，尽量有礼貌、尊敬他人、对待他人彬彬有礼，同时约束违背社会期望或有害于他人的行为和冲动（Schwartz，1992；Schwartz 等，2012）。

图 6 - 9　关于"遵从—规则与遵从—人际"价值观的研究结果

资料来源：作者制作。

在共益企业家关于遵从这一价值观的表达中，其子价值观——遵从—规则和遵从—人际——是相互连接的，所以我们将之解释为一个价值观维度。

中等动机（BE2、BE4、BE8）

三位共益企业家表达出源自遵从这一价值观的动机因素。他们愿意自我调整以符合外部期望，诸如那些支持其业务的机构、支持性组织和家人。当他们符合环境规范和期望而有所获益时，这些企业家都重视遵从这一价值观。如果没有外部支持，他们就无法实现某目标，所以他们觉得值得去遵从某些特定的规范和期望。BE4 讲述道："我拿到了CORFO 的资助，他们跟我说得列出清单，要去做所有我说过会去做的事情。同时我还在申请共益企业认证，要我命了。还有，我刚刚有了一个小孩，所以，不怎么想做，但是CORFO 叫我要这么做。"

弱动机（BE1、BE3、BE5、BE6、BE7、BE9、BE10、BE11、BE12）

由于所有共益企业家都有着根深蒂固的自我导向价值观，他们本质上非常独立自主和积极向上，因此遵从并不是他们创立或经营共益企业的明确动机，对他们而言，唯一重要的是努力去满足在 BIA 评估的 200 总分中达到 80 分的要求，这样才能获得并保留其共益企业认证。但是，达到这良好成绩背后的驱动力是达标，而不是遵从。以 BE5 为例，他主动去找了一种替代性方法来减少所需要遵从的规则和正式义务，这个法子便是创立其共益企业。BE5 吐露："创业让你能够摆脱一些限制。在一家公司上班，意味着你需受制于某些结构，也要受制于那些公司基于其经营目标而预先设定且合乎逻辑的限制。"

传统—传统与谦虚（Tradition – Tradition and Humility）

回顾：传统，即保持且维护文化、家庭、宗教所传达的传统，意味着个体要恭敬、奉献、安分守己，也包括与宗教信仰有关的理念（Schwartz，1992；Schwartz 等，2012）。所谓谦虚，就是承认从更广泛的角度来看待自身的微不足道，

包含谦卑、谦逊、识时务，不故意引人注目等概念（Schwar-
tz 等，2012）。

图6－10　关于"传统—传统与谦虚"价值观的研究结果

资料来源：作者制作。

强动机（BE9、BE10、BE12）

三位共益企业家都非常重视传统和谦虚，他们在孩提时代所生活的家庭背景都有着这一根深蒂固的价值观，包括团结、谦虚、勤奋劳作。其家长和所就读的大学一向都在其脑海里"灌输了这些价值观"（BE10）。他们的父母经常带他们去乡下，让他们接触到那些具有不同文化背景的群体和简朴的生活方式。BE9 描述说："我依然受到童年经历的影响。如今，我印象最深刻的童年记忆都是乡下的事，而不是城市里发生的事。"他们自认为享有了很多特权，因此人生道路上有更多机会，因此希望回报社会。他们的父母一贯努力工作，以抚养他们并让他们接受良好教育。为尊重家人并对他们负责，这些企业家希望能够保留其家庭所笃信的价值观并且身体力行，为此他们希望对社会有贡献并帮助那些生活中机会较少的群体，比如，通过其企业活动帮助智利的不同原住民群体，并且主动地帮忙保护那些目标社区的传统文化。BE12 也提出，希望与上帝维持亲密的关系。他将共益运动视为上帝提供的一个契机，集合了一群志趣相投的人来为社会服务、对社会有所贡献。

中等动机（BE2、BE3、BE4、BE7、BE11）

这群共益企业家没有任何人表现出来自传统这一子价值观的动机，但都表现出一定程度上的谦虚。实际上，这群人中没有一位自认是社会企业家。BE3 谦逊地解释说："把自己叫做社会企业的那些公司旨在直接解决社会问题，我们的方法却是比较间接的。实际上，你需要一定的洞察力才能够看到你想要的那种社会影响，因为毕竟是得绕相当大的一圈。"他们认为自己的共益企业所产生的影响还不够。既然他们已达到了认证所需要的分数线，但他们还是希望能大幅度提高其社会和环境影响。他们做宣传时可谓小心翼翼，因为他们很重视真诚、诚实和谦虚的美德。BE7 希望能够继续经营一家服务于特定顾客的、适中的专业化共益企业。针对一个支持性的组织过度宣传她的成功，BE4 表示不自在："他们喜欢提到我，可是老实说，我做得没那么好。"

不适用（BE1、BE5、BE6、BE8）

12 位共益企业家中有四位没有表示任何来自传统或谦虚这类子价值观的动机。

慈爱—关心（Benevolence – Caring）

回顾：在相关文献中，照顾群体内的成员，往往称之

为亲社会动机，可再细分为更狭义的概念。慈爱—可靠性
是指成为群体内可靠、可信的成员，其相应的动机目标是
做一个值得信赖的、真挚的朋友（Schwartz，1992；Schwar-
tz 等，2012）。慈爱—关心是指关心群体内成员的福利，这
是另一类亲社会型的子价值观，相应的动机是保护、提高
与之经常交往的人的福利（Schwartz，1992；Schwartz 等，
2012）。

图 6 - 11　关于"慈爱—关心"价值观的研究结果

资料来源：作者制作。

在所收集的数据中，我们没有发现有关慈爱—可靠性这
一子价值观的表达。因此，下文的解释专门指子价值观慈
爱—关心。

强动机（BE1、BE3、BE5、BE6、BE7、BE9、BE10、
BE12）

共益企业家的商业模式很看重慈爱—关心这一价值观。
为了给所有利益相关者创造经济、社会和环境效益，公益企
业家们利用其企业来创造福利，而不是为了谋求自身的财
富。BE1 声明："只为自己着想，这对我来说是毫无意义的，

会让我不开心。我喜欢跟别人合作，喜欢看他们是怎么思考的，看我怎么才能帮助他们。这才让我觉得满足，而不是在一家传统公司做无聊的事情，只为了赚钱而工作。"他们知道如果就职于传统企业的同等职位的话，赚得的薪水会高得多，但是，通过改变他人生活所得到的满足感让他们很愿意以此为代价。当有些企业家牺牲其财务稳定性为代价来维护企业的社会使命时，这一他人导向动机表达得更淋漓尽致（BE3、BE7、BE10）。BE10 说道："很少有几个月是盈利的，通常都是亏钱的。当我们能够经营那些能产生所期望的影响、真正落地的社会项目时，那才是最好的时刻。到那个时候，那是世界上最令人心满意足的感觉，一切付出都是值得的。"

尽管有些企业家的最初创业是源于某种个人的需要（BE3、BE5、BE6），但他们现在的主要动机是改善那些处于相似处境的人的生活。他们认为今天的一切归功于智利社会给予的机会，因此他们感到有义务给予回报。BE12 说："我受到的教育让我享有很多特权，所以我感觉我应该有责任回报社会。"当他们讲到自己的共益企业存在的意义时，许多共益企业家使用与"爱"有关的词汇，就如 BE3 所说："寻求他人生活中的改变，我心就在此"，或 BE5 所表达："当时就是一见钟情了。"BE7 声明，驱动她创立其共益企业的是"对祖国的爱、对孩子的爱、对周围和身边的人的爱"。他们相信，建立情感关系会引导人们发生变化，引起他们开始关心、关爱他人。共益企业家与周围的人交往越多，就越在乎和观察到社会的不公正，这激发他们为提高这些人的平等和改进其福利而献身。

此外，在这些共益企业家们看来，关心手下员工是十分重要的一类价值观。例如，这会体现在将员工们的福祉纳入其衡量成功的指标中："我们会内部测评我们的团队过得怎么样，他们最近感觉如何。"（BE5）这种共益企业的其他核心特征包括：扁平化的组织结构、积极主动、责任的平均分配、团队活动、开放性的会议讨论。

对共益企业家而言，另一个重要动机是对家人福祉的付出。他们的日常工作职责会安排得比较灵活，所以有时间关心爱人并且可出席家人的各种重要场合。BE12解释说："这个决定是非常家人导向的，能够支持我的老婆和孩子是关键。"

中等动机（BE2、BE4、BE8）

这些企业家的商业模式更接近于利用利润导向的指标来衡量成功。与其强烈的成就动机有关，他们注重开展商业活动以获得传统商业理念中的企业成长。虽然创造经济价值第一优先，创造社会价值和环境价值也是其商业观中的重要支柱。随着公司规模的扩大，公司的影响力自然而然地扩大了，这对他们而言是一个动力。此外，他们有时也从事一些不产生利润的商业活动，诸如给穷困顾客办理公益项目或免费培训。员工们对他们而言也十分重要。以BE4为例，他解释说："我的团队是最忠诚的。这么多年来，他们共同经历了我们所有的困难时刻，是因为他们相信这个项目，这是一个巨大优势。他们知道在这儿所能得到的收获是在其他（企业）得不到的。"

不适用（BE11）

BE11 没有表达出任何关于慈爱—关心这一价值观的动机。

大同主义—关注社会（Universalism – Societal Concern）

回顾：有关慈爱的价值观局限于关注群体内成员，与之不同的是，当个体开始意识到全球资源的稀缺性将危及生命时，便形成大同主义价值观，它包括的是关心那些与个体无直接联系的人和自然环境。该价值观的动机可表达为致力于确保所有人的平等、公平和安全（Schwartz，1992；Schwartz等，2012）。

图6-12 关于"大同主义—关注社会"价值观的研究结果

资料来源：作者制作。

强动机（BE1、BE3、BE5、BE6、BE7、BE9、BE10、BE12）

共益企业家会充分关爱那些与之直接有联系的人，与此相关，他们有动力为世界范围内尽可能多的人创造显著的社会影响。这一动机与寻求生命的意义和使命息息相关。创造社会价值而造福他人，这才令他们乐于从事自己的工作，他们称之为"使命，不是工作"（BE12）。因为一向希望通过自己的工作对社会有贡献，所以，他们以前就职于传统企业时会有挫折感（BE6、BE7、BE9），甚至是"精神危机"（BE7）。通过创立共益企业，他们找到了另外一种满足其"职业梦想"（BE12）的方法。

共益企业家对企业该如何经营以及企业在社会中的角色都有自己的观点，而共益企业的理论性概念与他们的观点相一致。他们不认同慈善这一概念，而是尽力去创造那些改善很多人生活的互利机会。他们认为，如果他们能找到一种混合性商业模式，这种模式能成功地将经济、社会、环境价值这三个部分合为一体，那么，他们将来就能够"得以安息"（BE10）。他们还相信，为每一个利益相关方创造收益将促进社会公正，令企业成为"改变社会的引擎"（BE5）。同时，他们还认为改变商界对成功的定义是关键的。只有创造社会价值的项目才有意思、有吸引力。

企业有可能利用市场的力量来驱动社会改变，而政府应当为所有公民建立一个能够产生平等机会的平台，以让人们能够充分发展自己的潜能。共益企业家认为，身为世界公民，他们有责任扮演一个给很多人创造公平机会的角色。BE3 在回答"您是做什么的"这一问题时说，她遵从着"一个有关自己在这个世界上的责任和存在的信念"。他们之所以加入了这场全球性的共益运动，是因为他们想要在世界范围内共同创造社会价值。他们希望以全新的理念和模式，让世界了解如何以不同的方式开展业务。据 BE10 所说，一旦企业既能够实现收支平衡又能够产生社会价值时，就代表他们进入了一个"完美的世界"。

中等动机（BE2、BE4、BE8）

有别于那些有强动机的企业家，这一群共益企业家主要关注自己共益企业的成功。就算如此，他们也力求通过成功地扩大企业规模来创造社会影响。在经商的同时还能创造社会价值，这让他们觉得自豪，让他们在结束一天的工作时感到满足。他们不认同传统企业所扮演的角色，而且十分看好全球共益运动的潜力，认为该运动能够改变世界范围内的企业对责任和成功的界定。

不适用（BE11）

BE11 没有表达任何与大同主义—关心社会有关的动机。

大同主义—保护大自然（Universalism – Protecting Nature）

回顾：与局限于关注群体内成员的慈爱型价值观不同，

大同主义价值观包括关心那些与个体无直接联系的人和自然环境。这一价值观的形成源自个体开始意识到危及生命的全球资源稀缺性。该子价值观表达了保护和关爱自然环境并尝试与自然和谐共处的动机（Schwartz，1992；Schwartz 等，2012）。

图 6 - 13　关于"大同主义—保护大自然"价值观的研究结果

资料来源：作者制作。

强动机（BE1，BE3，BE4，BE8，BE11）

这些企业家创办共益企业主要是想对环境有所影响。他们很清楚智利的污染状态和社会的无知。因而，他们主要在以下方面做出重大贡献：减少智利社会造成的碳足迹，同时提高人们的意识，教育人们如何改变其生活方式。这一价值观跟大同主义—关心社会的子价值观及其相关的动机目标——即对大自然负责——有密切关联。他们深信自己能够通过引导他人的行为——从更广泛的角度讲，其他企业家的行为——来产生影响。

中等动机（BE2，BE12）

虽然创造环境价值并不是这些共益企业家最关注的方

面，但他们仍会积极地通过在企业经营中实施尽可能多的绿色方案，努力减少对大自然造成的负面影响。从垃圾分类到选择最环保的供应商，他们都制定了相应政策，并且鼓励员工们提出各种关于可持续性的想法。

不适用（BE5、BE6、BE7、BE9、BE10）

这些共益企业家没有表示任何直接与大同主义—保护大自然有关的动机。

大同主义—宽容（Universalism – Tolerance）

回顾：与局限于关注群体内成员的慈爱型价值观不同，大同主义价值观包括关心那些与个体无直接联系的人和自然环境。这一价值观的形成源自个体开始意识到危及生命的全球资源稀缺性。该子价值观的动机目标是包容和理解异己者（Schwartz，1992；Schwartz 等，2012）。

图 6-14　关于"大同主义—宽容"价值观的研究结果

资料来源：作者制作。

强动机（BE5、BE7、BE9、BE10、BE12）

这些共益企业家经营企业的本质使他们能在日常生活中

接触到不同的人群、社区和社会阶层。正是多元化使他们觉得其工作变得刺激、有趣。他们强烈地希望利用自己的工作来尊重和保护不同目标群体的多元化。BE7 还声明说，就她而言，"包容是一种神圣的价值观"。

中等动机（BE4）

其中一位共益企业家赞赏共益企业社区的多元化，她喜欢那种基于相互尊重和宽容的开放性讨论。她解释说："有的企业获得更高或更低的分数……在我看来，这很诚实，我们处于不同的立场，但是有公开辩论，并且没有人评判别人。"（BE4）

不适用（BE1、BE2、BE3、BE6、BE8、BE11）

这些共益企业家没有表达任何与大同主义—包容有关的动机。

共益企业家价值观与动机的动态结构

基于共益企业家价值观的结构及其动态关系，我们将研究结果整理为一个环状动机连续体（见图 6-15）。图上的数字代表了共益企业家在每一类价值观中强、中、弱倾向的占比（见表 6-1）。

图 6 – 15 共益企业家环状动机性的连续体

资料来源：作者制作，编自 Schwartz 等（2012）。

研究结果显示，共益企业家同时具有自我导向和他人导向的价值观。由于共益企业的混合特性，共益企业家表现出的既是对自我的关爱，又是对他人的关爱，即对社区和整体社会的关爱。处于这一连续体两极的自我提升和自我超越这两个维度上，其混合性质尤为突出。结果显示，连续体上的两个极均有中等和强动机，尤其是自我提升价值观中的权力和成就动机以及自我超越价值观中的大同主义与慈爱动机。在"权力"与"大同主义"这两类相互对立的价值观中，本研究中的大部分企业家均颇强烈。在权力方面，控制他人、控制资源这两类子价值观是驱动共益企业家的强烈动机。作为榜样，他们遵循着影响尽可能多的人的思维和选择的使命。他们也十分重视自己在共益企业中高层的地位，因为身居高层可以让他们发挥影响力、决定公司的成功。在大同主义方面，共益企业家的动机是创造社会价值并造福他人。除了保护智利的自然环境外，他们还力求改善许多人的生活并接受多元化。在"成就"和"慈爱"这两类相互对立的价值观中，共益企业家同样具备这两种动机。一方面，他们很看重成就，因此追求财务成功和显著的社会及（或）环境贡献等自我选择的目标。此外，他们看重增长，即扩大共益企业规模以提高其直接影响。另一方面，他们也具有那些与关心社区有关的动机目标，特别是那些为利益相关方创造经济、社会和环境收益的目标。通过产生直接的社会影响而改善他人的生活，进而获得个人的满足感，有时他们是以牺牲一定的金钱为代价的。

综上所述，本研究中的共益企业家表明有追求自身的成功并试图控制他人的动机，但同时也"平等相待他人，关心他人的福利"（Schwartz，1992，第 13 页）。据施瓦茨（1992，2012）和施瓦茨等（2012）的观点，同时强调自我和他人导向动机，也就是同时强调连续统一体上自我提升和自我超越这两极，这很有可能引起冲突。后面的章节中将讨论这一情况。

参考文献

［1］Schwartz，S. H.（1992）. Universals in the content and structure of values: Theoretical advances and empirical tests in 20 countries. In M. P. Zanna（Ed.），*Advances in experimental social psychology*，Vol. 25，pp. 1 – 65，Academic Press.

［2］Schwartz，S. H.（2012）. An overview of the Schwartz theory of basic values. *Online Readings in Psychology and Culture*（Article 11）. Retrieved from https://scholarworks. gvsu. edu/cgi/viewcontent. cgi? article = 1116&context = orpc.

［3］Schwartz，S. ，Cieciuch，J. ，Vecchione，M. ，Davidov，E. ，Fischer，R. ，Beierlein，C. ，etal.（2012）. Refining the theory of basic individual values. *Journal of Personality and Social Psychology*，103（4），663 – 688.

第七章 智利共益企业家的动机类型

摘要： 本章将对那些具有相似价值观和动机的共益企业家进行分类后归纳出不同动机类型，以从理论上对智利共益企业家的不同动机类型加以概念化。基于实证研究所做的分类能够使所收集的资料更加切实、清晰，同时能够保持数据本身具有的高度丰富性，成就和大同主义的价值维度构成了归类中的两个维度。在施瓦茨的理论中，成就和大同主义这两类价值观维度是相互对立的，但在本研究中此两类价值观最影响共益企业家的动机。本章将详细描述以下四种动机类型：社会理想主义者、追求持续影响力的企业家、混合型的成就追求者以及自给自足的享乐主义者。

关键词： 动机类型（Motivational Profiles）；社会理想主义者（Social Idealist）；追求持续影响力的企业家（Sustainable Impact Seeker）；混合型的成就追求者（Hybrid Achiever）；自给自足的享乐主义者（Self – sustaining Hedonist）

沿着两个维度的归类

在本研究中，动机类型的归类是根据 Kluge（2000）的定义，也就是根据所选施瓦茨的价值观维度，基于第六章研究发现的第一部分所显示的共益企业家的属性，我们将之进行聚类。在动机类型层面上，我们将力图得到最大限度的内部同质性和外部异质性。因此，一种动机类型代表了共益企业家样本中在所选价值观维度上呈现的共同属性而所构成的子群，这些共同属性将成为最后描述隶属于该子群的理想类型共益企业家的基础。理想类型的概念是基于社会学家马克斯·韦伯的研究（Kluge，2000），这个概念意味着属于同一动机类型的共益企业家在其共同属性上有可能在其复杂程度或与现实的联系方面有所不同。在其他不包括在聚类过程中的价值维度上，他们之间也有可能存在着差异。尽管如此，作为聚类基础的共同点仍可为数据分析提供一些有附加价值的见解，让我们更深入地了解共益企业家的价值观和动机。

第六章所介绍的价值观维度形成了一张交叉表，该表是根据本研究中最为相关的维度将共益企业家进行分类的（Kluge，2000）。由于创业研究领域的讨论重点是关于利润和社会导向的动机（例如 Alter，2007；Boyd, Henning, Reyna，Wang 和 Welch，2009；Boluk 和 Ziene，2014），此外，有关共益企业家的实证研究结果也表明在这一方面共益企业家与其他企业家存在着诸多不同，因此，我们认为下文的价值观维度与对动机类型的归纳最为相关：

（1）具有如下动机属性的成就（Achievement）：混合导向成就、社会导向成就和利润导向成就的动机。

（2）具有强、中等及不适用三个属性的大同主义—关注社会（Universalism - Societal）和慈爱—关心（Benevolence - Caring）。后面两个价值维度可简单地合为一个维度，因为它们与每一个共益企业家的属性中完全一致。

在现有的文献中，人们对商业和社会企业家的区分普遍来说都是根据其所谓的利润或使命取向（Alter，2007；Boyd 等，2009）。社会企业家经常被描述为正直、无私的英雄式人物（Boluk 和 Ziene，2014；Braun，2010），而商业企业家则被描写为野心勃勃、自私自利、唯利是图的人（Ruskin，Seymour 和 Webster，2016）。因此，人们对于混合组织的讨论也是依据其在这种社会—利润维度上的相对位置（Boyd 等，2009）。

在价值观连续体中所描述的研究发现中，我们可以很明显地看出，智利共益企业家是受到多元社会和利润性动机的驱动，尤其是在成就、大同主义—关注社会和慈爱—关心这三个价值观维度上的动机。因此，在一个利润—社会连续体上构建不同动机类型，而不是按照一个利润—动机二分法来进行分类，这更接近 Boyd 等（2009）提出的概念——将使命性动机和利润性动机作为独立的组织维度进行处理。这样的话，就不是按照 Alter（2007）所说的二分法来分类。

将相关价值观维度进行比较后所得出的结果用一张交叉表展现（见表 7 - 1）。

表 7 - 1 动机类型

成就	慈爱—关心/大同主义—关注社会		
	强烈	中等	不适用
社会导向	BE3、BE7、BE9、BE10、BE12 I 社会理想主义者 (The Social Idealist)		
混合导向	BE1、BE5、BE6 II 追求持续影响力的企业家 (The Sustainable Impact Seeker)	BE2、BE4、BE8 III 混合型的成就追求者 (The Hybrid Achiver)	
利润导向			BE11 IV 自给自足的享乐主义者 (The Self - sustaining Hedonist)

资料来源：作者制作。

动机类型的描述

交叉表展示了四个共益企业家子群。在所选择的维度上，群内的企业家具有相似属性，而群外的企业家属性相异。

类型 I：社会理想主义者

动机类型 I 中的理想类型共益企业家，包括 BE3、BE7、BE9、BE10 和 BE12，其主要特征为：以社会导向定义个人成就，而且具有为群体内成员和与之无直接联系的人创造福利的强烈动机。

为了将社会理想主义者与其他动机类型相区别，理解其定义成就的优先顺序是关键的：创造社会影响永远优先于获得经济收益。对这一动机类型的人而言，看到其项目所产生的影响就意味着成果。这一点反映在其对成功的定义及其所用的衡量指标——只用社会和环境影响指标。对他们而言，与产生影响有关的成就是必不可少的并且与其对生命意义的追求有关。

> 我们取得了巨大的成功，因为我们作为一名企业家幸存下来，事实上，我们也是一名普通人。我们还不停地和结果斗争，这是事实。财务方面，我们没有取得好的成

果。但是，在其他方面我们取得了惊人的成功，因为我们在过去几年里与人们进行了很多直接接触……那些人就来到了我们这儿，我们直接影响到他们了。（BE3）

他们在经济方面的动机是要做到让共益企业能够自给自足，这样就能够在不受到财务限制的情况下继续创造社会和环境价值。然而，经济收益本身则无价值。他们认为，与混合组织相比，开办一家在财务上获得成功的传统企业要容易得多，但他们声明创造社会价值的经验非常令人满足和兴奋。实现项目所期望的贡献，这给他们带来了"世上最大的满足感，这样付出的一切，所有痛苦都觉得很值得"（BE10）。他们之所以偏向混合组织而不是非营利组织，是因为他们认为需要利用市场的力量才能够产生更大的社会和环境影响。对他们而言，创造社会和环境价值所带来的安心比公众的认可更重要，而且只有为了扩大社会和环境影响力才会考虑扩展企业规模。

这一类共益企业家还有一点很突出，即他们具有很强烈的归属感，希望与身边的人有亲密的关系。这个动机进一步激发他们去帮助其周围那些受苦的人的愿望。他们感觉自己人生中享有了各种特权，这让他们感到有义务回报社会，所以他们献身于这个根深蒂固的动机。这一动机类型的共益企业家表示，身为世界公民，感觉自己有责任为很多其他人创造公平的机会。

　　我之所以从事这项工作是因为，一方面，我深信我要对社会有贡献；另一方面，我相信人才是分布在整个社会里的，且不取决于人的背景或出身。尽管如此，我还是享有了很多特权，能在我上的学校受教育、得到这么高的教育水平，这些方面让我有责任去想方设法来回报社会。（BE12）

　　他们之所以加入了这场全球性的共益运动，是因为他们想要在世界范围内共同创造社会价值。他们希望以全新的理念和模式，让世界了解如何以不同的方式开展业务。据 BE10 所说，一旦企业既能够实现收支平衡又能够产生社会价值时，就代表他们进入了一个"完美的世界"。

类型 II："追求持续影响力的企业家"

　　动机类型 II 中的理想类型共益企业家包括 BE1、BE5 和 BE6，其动机类型的特征如下：对自身成就的定义是混合型的，包括创造经济和社会价值，而且具有为群体内成员和与之无直接联系的人创造福利的强烈动机。

　　追求持续影响力的企业家很重视有了一个强大的混合性商业模式。有了稳定的经济条件而同时追求着一种社会使命让他们感到舒心。长远来说，经济收益需要与社会价值创造相关联。因此，他们对成功的整体定义包括经济绩效和环境绩效的指标。为了感到满足、快乐，他们愿意全心全意致力于那些其认为有意义的事情，即与他人合作、为他人服务以及寻找做出贡献的方法。

> 我们是一个有三重影响的企业。我们需要赚钱，而且要成为社会和员工们的一个公共物品……归根结底，这是一种消除不平等的方式。假若我们不赚钱，我们就没办法捐出什么东西来帮助他人。我们需要的是一个能够自给自足的企业，除了市场以外，必须不依赖于任何人或任何事物。（BE6）

再者，他们认为成功地创立自己的企业在一定程度上是重要的，因为他们需要在一个完全能够代表其价值观和信念的环境中工作，他们不愿意按照预先决定的规则或公司结构约束自己。共益企业代表了一种（中期性的）创造影响力、实现人生意义的方案。由于共益企业运动规模还小，不能引起公众的认可，所以共益企业认证本身对他们来说（尚）无价值，但他们还愿意支持共益运动，希望该运动将来能够让传统的经济体系发生重大变化。他们喜欢得到公众的认可，但不以此为优先。

与社会理想主义者一致，他们的强烈动机是为他人创造福利。但这一类共益企业家的独特之处在于，员工在他们追求福利最大化的过程中扮演着核心角色。工作关系亲密和谐、员工福利是其成功指标之一。

只关心自己对我来说是毫无意义的，会让我不开心。我喜欢跟别人合作，喜欢看他们是怎么思考的，看我怎么能帮助他们。这才让我觉得满足，而不是在一家传统公司做着无聊的事情，只为了赚钱而工作。……一个人必须与人打交道，人才是最重要的。（BE1）

类型Ⅲ：混合型的成就追求者

动机类型Ⅲ中的理想类型共益企业家包括 BE2、BE4、BE8，其动机类型的特征如下：对个人成就有混合型的定义，包括经济和社会价值的创造，而且在关于为群体内成员和与之无直接联系的人创造福利方面有中等动机。

与类型Ⅰ和类型Ⅱ相比，这类混合型成就追求者的商业模式更具备利润导向的成功指标。与其强烈的成就性动机有关，这样的企业家着重开展那些从传统企业角度看有利于企业成长的商业活动。他们不愿意不择手段地创造利益，因为他们重视良好的商业活动和透明度。但是，他们认为创造经济价值很重要，因为这样才能得到个人的安全感。所以说，他们的确为了利润本身而创造利润，但也是为了让企业能够自给自足并且创造社会价值和环境价值。

通过我们的经营理念本身，我们就能够解决某些问题，但是那不是我们的终极目标：从某种意义上说，我们的首要任务是销售一种好的服务。通过我们的经营方式和我们的产品，我们同时能给人们解决一个问题。……一家企业之所以生存，是因为能够销售服务。尽量以更好的方式去做这件事，才让我们算得上是共益企业，不过我们是共益企业，而不是社会企业。（BE4）

虽然创造经济价值是首要的，但在其经营观念中创造社会价值和环境价值也是一个重要的支柱。他们的动机是通过扩大公司规模从而自然而然地扩大其积极影响。此外，他们有时会开展一些非营利的经营活动，诸如给穷困顾客提供志愿性服务或免费培训。能够在从事事业的同时创造社会价值，这让他们觉得自豪，这在一天工作结束时给他们带来个人满足感。他们不认同传统企业所扮演的角色，而是看好全球共益运动的潜力，认为该运动有潜力改变世界范围内企业对责任和成功的定义。

对于这一类型的企业家来说，成就是最重要的激励因素。这样便引起了一个非典型的动机，即遵守规矩和社会期望，从外部支持中获益。虽然他们十分重视独立性和公众对其个人成就的认可，但他们同时愿意遵从特定的规则和社会期望，以实现那些需要外部支持才能达到的目标。

类型Ⅳ：自给自足的享乐主义者

动机类型Ⅳ中理想类型共益企业家包括 BE11，具有以下特征：以利润作为界定其个人成就的因素，并且没有表现出为群体内成员或与之无直接关系的人创造福利的动机。在样本中这一动机类型只包括一位共益企业家。虽然他在整个研究结果中是个例外，但我们认为他值得代表一类单独的动机，因为当未来研究有更大样本时，这一动机类型可能再次出现。

这一类共益企业家的主要动机是享乐。与其扩展规模、扩大影响力，不如选择一个轻松、有趣的工作环境。在选择是否继续经营企业时，这是决定性的因素。

> 当企业开始扩大后，责任就更大，到月底就要支付更多薪水……那样的话，我就会觉得失去了当初喜欢做的事情（BE11）。

财务业绩是决定一个业务年度是否成功的最重要指标。他们的商业模式建立在一个可持续的商业理念上，即在经济、社会和环境价值之间建立广泛联系。他们在共益企业中所实施的项目是根据个人对该项目兴趣程度而选择的。但是，没有明确的关于扩大社会或环境影响力的动机。

> 我对做自己感兴趣的项目很感兴趣。……你知道吗？从财务角度上说，去年是复杂的一年，让我反思很多事，因为我没有觉得那么开心。所以，老实说，我问

了自己，这是不是我真心想做的事。因为没有像预期的那样开心。因为我们最初的想法是要能够自由地选择做我们喜欢做的事，按照我们喜欢的做法去干。但是，以后你就开始扩大，责任就更大，到月底就要支付更多薪水……那样的话，我就会觉得失去了当初喜欢做的事情。（BE11）

参考文献

［1］Alter，K.（2007）．*Social enterprise typology.* Virtue Ventures LLC.

［2］Boluk，K.，& Ziene，M.（2014）．Motivations of social entrepreneurs：Blurring the social contribution and profits dichotomy. *Social Enterprise Journal*，10（1），53－68.

［3］Boyd，B.，Henning，N.，Reyna，E.，Wang，D.，& Welch，M.（2009）．*Hybrid organizations. New business models for environmental leadership.* Sheffield，UK：Greenleaf Publishing.

［4］Braun，K.（2010）．*Social entrepreneurs：Identifying the personal motivations and values of successful project leaders*（Published doctoral dissertation）．Retrieved from ProQuest Dissertations Publishing（AAT 3429148）．

［5］Kluge, S. （2000）. Empirisch begründete Typenbildung in der qualitativen Sozialforschung. *Forum*：*Qualitative Social Research* （Article 14）. Retrieved from http：//nbn – resolving. de/urn：nbn：de：0114 – fqs0001145.

［6］Ruskin, J., Seymour, R., & Webster, C. （2016）. Why create value for others? An exploration of social entrepreneurial motives. *Journal of Small Business Management*, 54 （4）, 1015 – 1037.

第八章　研究启示与展望

摘要：由于迫切需要新的组织形式，以提供人类最迫切需要的解决方案，世界范围内开始出现不同类型的混合组织。在智利的混合组织中，共益企业是最为常见的。由于共益企业家对共益企业的发展起了关键作用，为了更深入地了解共益企业创业背后的逻辑思维，本书对智利共益企业家的叙述进行了探讨，以厘清驱动他们创立和经营其共益企业的价值观和动机。本章将先讨论研究成果及其理论和实践启示，继而讨论混合组织概念和共益企业家的混合型价值观取向。此外，本章将超越共益企业这一领域，讨论本研究对社会创业研究的启示，而借此对未来的研究方向进行展望。

关键词：混合导向（Hybrid‐orientation）；价值观图谱（Value Spectrum）；利润动机（Profit Motives）；社会动机（Social Motives）；社会企业（Social Entrepreneurship）；政策（Policy）；共益企业社区（Benefit Corp Community）

本研究的理论启示：共益企业家的混合导向

第一，本研究针对共益企业家的价值观与动机进行了详细、深入的探讨，为共益企业的研究领域做出了显著的理论性贡献。本研究不限于前人对共益企业动机因素的研究（例如 Stubbs，2014；Abramovay，Correa，Gatica 和 Van Hoof，2013），更是通过额外提供智利共益企业家的价值观和动机，对这些动机有更深入的认识和补充。研究结果与整个共益运动的理念和志向相一致，也符合了共益工作坊广泛定义的动机类型和共益体系在共益运动中试图统一的动机类型。受访的共益企业家中，92%的受访者有强烈动机去实现反映这种理念且让他们能够实现人生意义的自选择目标。体现在成就这一价值观的动机目标上，更能看出 12 位智利共益企业家中有 11 位是追求创造混合价值，或是追求创造侧重社会因素的价值。尽管如此，值得一提的是，在研究参与者中，经济、社会和环境价值创造的优先级有显著差异。

以往的研究项目主要关注的是那些自述的、与共益运动本身有关的动机，但它们缺乏对一系列连贯的价值观和动机的深入了解。针对共益企业的研究存在一种倾向，就是以英雄式的方式描述共益企业家，专注于其为社会价值而创造利润的动机和改变世界的愿景（例如 Harriman，2015；Stubbs，

2014；Coral，2016）。样本中的企业家在价值观维度上具有不同特征，这让我们能够假设，智利的共益企业家有不同的动机类型。与相关文献所提出的想法所不同（Harriman，2015；Stubbs，2014），并不是所有共益企业家都将利润视为维持企业而扩大社会影响力的唯一手段；但是，从个人成功、个人财务稳定和个人激情的实现等方面来看，利润也是有价值的。这一讨论的一个重要贡献是描述了智利共益企业家的动机类型，这些动机类型在其如何看待成功和成就的取向及其对致力于造福他人的欲望方面存在着差异。动机类型的概要描述了智利共益企业家在动机上的多元化，甚至有可能推翻了当前那种认为只有一种理想类型的共益企业家这一主流假设。虽然理论上有一个大优势，能够利用大量的数据（Kluge，2000），但迄今对企业家动机类型的分析和划分是受限的（Mody，Day，Sydnor 和 Jaffe，2016）。

第二，我们发现，施瓦茨（1992，2012）价值观理论中的基本价值观对确定共益企业家的价值观和动机提供了一个极为有力的理论框架。通过阐述施瓦茨理论中价值维度的定性研究成果，本研究介绍了该理论的另外一种运用方式，我们试图超越经常提出的论点，即认为该理论只适合运用于定量的动机研究（例如 McCabe，2012）。根据施瓦茨的价值观，将定性数据中的概念和类别进行分类，这带来以下优势：一方面，能够确保从理论上清晰地描述那些从基本价值观中所衍生的动机术语。这在前人有关共益创业和社会创业的研究中是缺乏的。与此有关的是，它作为一种筛选模式，当新兴的概念出现时，能够提供适当的指导来正确地说明它们之间的联系。另一方面，这一框架代表了一个全面的动机连续体，在探讨潜在的自我导向动机和他人导向动机时，能够保证不会有遗漏。学者们指出，还需要一个能超越那种过于简化的利润和利他主义动机分类的价值观框架（Mody 等，2016）。施瓦茨的整体动机性连续体使本研究发现能够有多种维度，因此，对于那种通常运用的利润—社会二维连续体有重要贡献（Boyd，Henning，Reyna，Wang 和 Welch，2009）。

第三，本研究结果反映了共益企业的混合本质既是使命，又是利润导向。因此，共益企业家的动机目标关系到自己，同时也关系到他人。研究结果显示，本研究中的共益企业家很看重自我提升性价值观，尤其是权力和成就，同时十分重视大同主义和慈爱等自我超越的价值观。但是，根据施瓦茨（1992，2012）和施瓦茨等（2012）的观点，由于追求不相容的价值观体系而导致的结果，追求在连续体上处于两极的自我提升和自我超越这两类对立的价值观，有可能在个人和社会层面上造成冲突。施瓦茨（2009）认为，慈爱和遵从促进了合作、亲社会行为，而权力和成就则引起了反对亲社会行为。从这一意义上说，在同样的程度上追求所有的价值观应该是不可能的，否则必然导致个体的内心冲突或对社会环境采取的纠正措施。

本研究旨在回答一个问题，即推动共益企业家创立共益企业背后有什么动机，但并不关注共益企业家的动机目标可能引起的冲突。但这些混合导向的存在应当值得讨论，因为其与理论所假设的价值观之间的关系相矛盾。第一种解释可能与终极和工具性价值观之间的区别无关（Rokeach，1973）。施瓦茨的价值观与动机理论把所有十类基本价值观、九类子价值观都作为终极价值观。从这个意义上说，他们指的是人们在一生中想要达到的理想目标。这些目标会产生偏好的具体行为，也就是说，为达到价值观所指定的动机目标，价值观驱使了某种特定的行动。但就共益企业创业者而言，成就和权力这两类自我提升的价值观有可能并非终极价值观，反而是确保个体能够获得所希望的环境及（或）社会影响的工具性价值观。从这一角度上讲，共益企业家之所以追求社会地位和掌控他人的能力（权力），是因为这些能使他们获得其大同主义和慈爱的价值观所重视的社会收益或环境收益。另外一种解释接受了理论原有的假设，即自我提升与自我超越价值观正是终极价值观。但本研究结果以及社会创业的研究发现表明，这些价值观的结构并非一个两极的连续体。反之，联系混合组织的特征，即组织是由利润动机和使命动机这两种独立的组织维度所驱动的（Boyd 等，2009），同样的，自我提升和自我超越——并且自我导向和他人导向——都可被理解为独立的维度。既然这样，人并非是要么成己、要么达人的机会主义者。相反，人是社会人，在追求个人利益的同时，能够为他人谋利。但是无论采纳哪一种解释，未来的研究应该关注以下问题：当共益企业家追求对立的价值观时，是否会如同施瓦茨（1992）所提出的将造成心理、实践、社会上的后果？假若会，具体会造成何种后果？经营混合企业的共益企业家自身具有混合性特质，研究者应当进一步探讨这一混合性在诸多方面的本质和结果，譬如在其价值观、动机、个性和身份及其行动、思想和感情这些方面。

第四，我们认为本研究所发现的、有关共益企业家的价值观和动机以及所描述的动机类型也许可以对社会创业领域的动机研究加以补充。虽然本研究样本中的大部分共益企业家不认为共益企业家是社会企业家，但社会创业研究中所发现的所有动机与本研究采访的大部分共益企业家一致。由此可见，在其价值观和动机上，共益企业家似乎与追求利润最大化的传统企业家不大相同，而更类似于社会企业家。除了那些与社会创业文献一致的研究发现以外，本研究还发现了一些可供参考的价值观和动机。在自我导向动机中，区分了对个人内在能力的追求，包括思想的自主性和行动的自主性以及根据社会标准对个人成功的追求，以此为基础，本研究将上述动机分开分析，借此将引起行动的各种动机描述得更加详尽。此外，刺激和享乐主义这两类价值观揭示了现有文献中那些较容易忽略的动机因素。至于他人导向动机，本研究也提供了一些有关传统和谦虚这两类价值观的补充性见解。这些也提供了一些新的理论性见解，来揭示对社会与上帝的归属感和义务感在动机连续体上应该处于什么位置。对慈爱与大同主义的清晰描述也是本研究做出的另外一个贡献。对有关保护、关爱自然环境的动机进行的研究也对社会创业领域中较少受到关注的环境价值创造有所贡献。所归纳的动机类型也有可能推翻社会创业领域中对社会企业家的主流描述，即将其描写为善良、无私的英雄式人物（Boluk 和 Ziene，2014；Braun，2010）。

最后，本研究的分析仅限于一种混合组织，即获得认证的共益企业。这样做的好处是可以清晰地描述案例及其相关的样本。如上文所述，与社会企业家的相关文献相符（例如 Ruskin，Seymour 和 Webster，2016；Boluk 和 Ziene，2014），共益企业家有动力提出一种能够让实现经济、社会和环境价值相辅相成的、可行的新型商业模式。但与前人研究中所声称的不一致（例如 McCabe，2012；Chen 和 Kelly，2015；Coral，2016），本研究中的大部分共益企业家并不认为自己是社会企业家。根据目前的研究结论，很明显，共益企业家不同意被归类为社会企业家的主要原因是他们认为自己产生了一种不同类型的社会价值和环境价值。

把自己叫做社会企业的那些公司旨在直接解决社会问题，我们的方法则是比较间接的。实际上，你需要一定的洞察力才能看到你想要找到的那种社会影响，因为

毕竟是得绕相当大的一圈。……虽然我很相信我是产生社会影响和环境影响，可是我不会那样叫自己。（BE3）

因此，虽然许多学者会将共益企业家和社会企业家归为同一种企业家类型，但这些企业家自己所表述的现实却比较复杂。在这一点上，本研究对社会企业这一广泛领域中的某些行为主体提供了一些详细、深入的见解，这种新的理解可能与学界中的某些过于简化的分类法相悖。因此，我们认为需要对共益企业创业领域进行更多的研究，以厘清共益企业、社会企业和传统企业三者在创业和经营中潜在的逻辑差异。

实践启示：培育共益企业社区

除了理论性贡献以外，本书有关共益企业家的价值观与动机的研究对于智利生态系统内的多种利益相关方有着重要的实践启示。

共益企业创业者：进一步了解他们提出其与众不同的商业模式的驱动因素，这对企业家本身有好处。从上述的讨论中可见，决策是深受自我和他人导向两种个人动机类型的驱动。对于共益企业家个体而言，"意识到自己所追求的机会深受个人价值观的影响这个事实，有可能对创业者如何构建其企业起到重要的作用"（Mody 等，2016，第 1108 页）。从这个角度看，当涉及价值创造类型的优先排序时，共益企业家可以克服决策时的潜在困境（Yunus，2010）。

在共益企业社区层面上，更好地了解整个社区的驱动力，可以加强共益企业家之间的感情，拉近彼此之间的距离。由于归属感和互惠互利等概念在共益企业家的动机中处于核心地位，这一启示对于共益运动自身的生存是一个关键因素。

对其他利益相关方而言，决定是否参与或如何参与有可能取决于自己和企业价值观是否相符。由于创造社会和环境价值是企业活动中的一个组成部分，因此共益企业所在的环境十分复杂。共益企业的价值取向及其背景对其可持续性可能起决定性作用（Conger，2012）。

从更广泛的社会层面说，将今天的共益企业家树立为榜样，这有可能会给潜在的共益企业创业者在其创业过程中提供支持。因此，深入了解当今共益企业家的驱动因素，对于潜在的追随者来说是必要的，他们需要了解该运动的理念以及与自身理念的兼容性。潜在的参与者类型包括：有社会意识、寻求志同道合社区的创业者，或者是决定改革其商业目的和实践的传统企业家。此外，跨国公司可能会寻找一些新的经营方式，而共益企业家的社会创新和最佳实践会为他们提供灵感。

至于共益体系和共益工作坊，它们必须明白和承认驱动其参与者加入共益运动的价值观和动机。鉴于价值观的相符性在此运动中的核心性（Benefit Lab，2017；Harriman，2015），针对市场、更深入地了解共益企业家的创业动机，这可能会对共益工作坊和共益体系的具体行动起到指导性作用。一方面，这些新见解有可能对 BIA 评估这类工具的持续测评和调整提供指导，并有助于实施适当项目来支持社区内的成员。另一方面，成功的扩张战略取决于对动机的理解。对追求在智利及拉丁美洲各国扩展共益企业的共益体系以及力图在全球性扩张的共益工作坊来说，这是重要的。充分了解本研究所提供的不同动机类型，有可能会提供在哪些行业存在潜在的、新的共益企业创业者的线索。同时，共益体系和共益工作坊应当明白，共益企业家似乎将自己视为一种独特的企业家类型，将其描述为社会或传统企业家可能会引起他们的不快。为引起系统性的改变，共益体系不仅旨在直接强化共益企业，而是将社会和经济变革中不同的战略关键人物（包括公共政策、意见领袖、学术机构和市场）聚集在一起。能够让这些经济主体之间建立良好的关系也取决于其价值观的相容性，进一步了解这些价值观便能够更有效地激励合作关系的建立。

至于制定共益企业所需要的、承认其公司模式并合法保护其社会使命的法律框架，能够与政府和政策制定者密切合作是至关重要的（Soto，2015）。如前文所述，智利政府提供的多种支持性项目显示了其愿意解决经济体系的不足并为创新而投资。更全面地了解为何智利企业家要去满足那些获得共益企业认证所需要的条件，这可能会激励政府更多地支持智利共益运动的发展。对于共益企业家对社会正义等动机的认可和认识，尤其如此。

研究展望

本研究的理论启示为未来的研究提供了一些可行的方向。第一，我们的研究方法有可能启发了学者们的多种研究方法：基于施瓦茨的原生价值观理论（Schwartz，1992，2012），我们根据价值观维度进行定性排序，继而将之进行交叉对比、构建动机类型。未来可参考我们的方法来进行的研究包括：抽取更广泛的样本，包括智利、其他地方的共益企业家、新加入的创业者；根据本研究发现，尤其是收集那些在访谈中未表达的动机的相关资料来丰富价值观维度。此外，可以根据本研究没有使用的价值观维度来对共益企业家重新进行分类。在整个区域层面，未来的研究可以探讨不同国家之间或不同共益工作坊代表（例如拉丁美洲的共益体系）之间的共益企业家在动机和价值观上的异同。第二，后续的研究可以关注共益企业创业者的动机如何随着时间的变迁而演变。这样的研究可以说明，共益企业的年龄、加入共益运动的时间长短等因素如何影响着企业家的动机。第三，有的价值观维度对长期成功地维持共益企业的生存可能比其他价值观维度更重要，针对这一方面的研究会有助于了解应当培养和支持哪些动机。第四，可以进行一些定量研究，以便对那些涉及价值观维度排序和动机类型构成的研究发现加以检验和改进。进行动机类型的跨文化对比有可能给跨国的共益运动提供有价值的见解。第五，社会和共益企业家在理论性概念上存在相似性，但调查显示共益企业家认为自己是另外一种类型的企业家，鉴于此，未来的研究可以直接比较社会型和混合型企业家的不同动机，以厘清其异同。第六，为了统一其他商业行为的力量，未来的研究将需要进一步探讨共益企业家与其他潜在的志趣相投运动的追随者在动机上的相容性。例如，有人提出，可以研究共益企业运动和经济促进公共利益（Economy for the Common Good）运动之间潜在的相容性（Sanabria Garro，2016）。

本书总结

从创业和心理学领域中的动机研究出发，本研究旨在厘清智利共益企业创业者创建和运营共益企业的动机和价值观。本书中的探索性案例研究详尽描述了智利共益企业家中自我导向动机和他人导向动机的并存情况。

驱动创业者创立和经营其共益企业的动机在施瓦茨的价

值和动机连续体上都可找到。最强烈的自我导向动机包括：由于这些企业家大多代表了其对世界公民和企业应当扮演角色的信念，他们很需要实现其自选的目标。由于智利的共益企业家有强烈的个人激情，他们追求独立自主，将其所感兴趣的事情融入到自己的日常生活中。这样，他们模糊了事业和个人梦想之间的边界。在其信念的驱动之下，他们也有动力影响他人的行为以符合自己的期望。在决定是否创立共益企业所考虑的因素中，个人安全也起到了重要的作用，包括照顾自身及孩子的健康。在他人导向动机中，最强烈的动机是对意义的寻找。在这个寻找的过程中，与弱势群体的密切联系、回报社会的义务感或希望克服以前工作带来的挫折感等，都对他们观念的形成有所启发，使他们希望生活在一个公正的社会里，进而努力为他人创造福利。在一个利润—社会的动机连续体上，本研究厘清了四种动机类型，它们对社会和经济价值的优先排序以及对成功和个人成就所下的定义存在着差异。由此可见，创立并经营智利的共益企业的全面动机连续体十分复杂，而且具有多样性，因此未来对该议题的研究还有很大空间。

共益企业家的动机与文献中所提出的社会企业家的动机颇为相似。尽管如此，共益企业家反对被描述为社会企业家，自认为属于一种独特的企业家类型。再者，共益企业家的多元性，尤其在利润—社会导向动机上的多元性，引发了一个问题：在利润—社会的连续体上，共益企业家的分布是否比社会企业家更加分散？将样本中的共益企业家分成不同的动机类型组合也提供了有待未来的研究进一步探讨的线索。

为解决人类迫在眉睫的问题，找出和支持那些能够常规经营的替代方式，这变得越来越重要。全面了解那些推动这些替代性方案的人，是充分发挥其潜力所必需的。不断发展的共益运动——包括积极推动的共益企业社区——有潜力成为实现世界上迫切需要的社会和经济变革的一部分。

参考文献

［1］Abramovay, R., Correa, M., Gatica, S., & Van Hoof, B. (Eds.). (2013). *Nuevas empresas, nuevas economías. Empresas B en suramérica.* Santiago, Chile: Fondo Multilateral de Inversiones (FOMIN).

［2］Boluk, K., & Ziene, M. (2014). Motivations of social entrepreneurs: Blurring the social contribution and profits dichotomy. *Social Enterprise Journal*, 10 (1), 53–68.

［3］Boyd, B., Henning, N., Reyna, E., Wang, D., & Welch, M. (2009). *Hybrid organizations. New business models for environmental leadership.* Sheffield, UK: Greenleaf Publishing.

［4］Braun, K. (2010). *Social entrepreneurs: Identifying*

the personal motivations and values of successful project leaders (Published doctoral dissertation) . Retrieved from ProQuest Dissertations Publishing (AAT 3429148) .

[5] B Lab. (2017) . *Platform for B Corporations.* Retrieved April 13 , 2017 , from https: //www. bcorporation. net/.

[6] Chen, X. , & Kelly, T. F. (2015) . B Corps—A growing form of social enterprise. Tracing their progress and assessing their performance. *Journal of Leadership & Organizational Studies*, 22 (1), 102 – 114.

[7] Conger, M. (2012) . The role of personal values in social entrepreneurship. In J. R. Kickul & S. Bacq (Eds.), *Patterns in social entrepreneurship research.* Cheltenham: Edward Elgar Publishing, 87 – 109.

[8] Coral, C. (2016) . *Increasing societal impact in social enterprises—Lessons from a B Corp multiple case study* (Unpublished master's thesis) . Lund University, School of Economics and Management, Lund, Sweden.

[9] Harriman, A. (2015) . *The making of a movement: The rise of the B Corp on the global stage* (Unpublished master thesis) . Copenhagen Business School, Copenhagen, Denmark.

[10] Kluge, S. (2000) . Empirisch begründete Typenbildung in der qualitativen Sozialforschung. *Forum: Qualitative Social Research* (Article 14) . Retrieved from http: //nbn – resol-

ving. de/urn: nbn: de: 0114 – fqs0001145.

[11] McCabe, L. (2012). *Human values of entrepreneurship: An empirical analysis of the human values of social and traditional entrepreneurs* (Unpublished doctoral dissertation). Regent University, School of Global Leadership & Entrepreneurship, Virginia Beach, VA.

[12] Mody, M., Day, J., Sydnor, S., & Jaffe, W. (2016). Examining the motivations for social entrepreneurship using Max Weber's typology of rationality. *International Journal of Contemporary Hospitality Management*, 28 (6), 1094 – 1114.

[13] Rokeach, M. (1973). *The nature of human values*. New York, NY: Free Press.

[14] Ruskin, J., Seymour, R., & Webster, C. (2016). Why create value for others? An exploration of social entrepreneurial motives. *Journal of Small Business Management*, 54 (4), 1015 – 1037.

[15] Sanabria Garro, O. (2016). *Formas híbridas de empresa: Del reinado del accionista al del bien común: los caminos paralelos de la Economía del Bien Comúnylas Empresas B* (PhD in process). Escuela de Administración Tecnológico de Costa Rica, Costa Rica.

[16] Schwartz, S. H. (1992). Universals in the content and structure of values: Theoretical advances and empirical tests

in 20 countries. In M. P. Zanna （Ed.）, *Advances in experimental social psychology*, Vol. 25, pp. 1 – 65, Academic Press.

[17] Schwartz, S. H. （2009）. Basic values: How they motivate and inhibit prosocial behavior. In M. Mikulincer & P. Shaver （Eds.）, *Prosocial motives, emotions, and behavior: The better angels of our nature.* Washington, DC: American Psychological Association Press, 221 – 241.

[18] Schwartz, S. H. （2012）. An overview of the Schwartz theory of basic values. *Online Readings in Psychology and Culture* （Article 11）. Retrieved from https: //scholarworks. gvsu. edu/cgi/viewcontent. cgi? article = 1116&context = orpc.

[19] Schwartz, S. H. , Cieciuch, J. , Vecchione, M. , Davidov, E. , Fischer, R. , Beierlein, C. , et al. （2012）. Refining the theory of basic individual values. *Journal of Personality and Social Psychology*, 103 （4）, 663 – 688.

[20] Soto, D. （2015）. *Estudio del comportamiento del consumidor chileno frente a productos de Empresas B: Análisis de percepción de precio e intención de compra* （Unpublished doctoral dissertation）. Universidad Técnica Federico Santa María, Santiago, Chile.

[21] Stubbs, W. （2014）. *Investigation of emerging sustainable business models: The case of B Corps in Australia* （Unpublished doctoral publication）. Monash University, School of

Social Sciences, Clayton, Australia.

[22] Yunus, M. (2010). *Building social business. The new kind of capitalism that serves humanity's most pressing needs.* New York: PublicAffairs.

缩　写

BIA　　共益影响力评估（B Impact Assessment）

CORFO　促进国家生产的机构（Corporación de Fomento de la
　　　　Producción）

GDP　　国内生产总值（Gross Domestic Product）

GIIRS　全球性影响力投资评价系统（Global Impact Invest-
　　　　ment Rating System）

OECD　经济合作与发展组织（Organization for Economic
　　　　Co－operation and Development）

SE　　　社会创业（Social Entrepreneurship）

SMEs　中小型企业（Small and Medium－Sized Enterprises）